A ARTE DO TRABALHO EM EQUIPE

Seja **MAIS EFICAZ** no
trabalho e em casa

A ARTE
DO TRABALHO
EM EQUIPE

O que as **ORCAS** podem nos ensinar
sobre **RELACIONAMENTOS POSITIVOS**

KEN BLANCHARD

THAD LACINAK · CHUCK TÖMPKINS · JIM BALLARD

ALTA BOOKS
GRUPO EDITORIAL
Rio de Janeiro, 2023

A Arte do Trabalho em Equipe

Copyright © 2023 da Starlin Alta Editora e Consultoria Eireli.
ISBN: 978-65-5520-812-2

Translated from original Whale Done!. Copyright © 2002 by Blanchard Family Partnership. ISBN 978-0-7432-5177-8. This translation is published and sold by permission of The Free Press a division of Simon & Schuster, Inc., the owner of all rights to publish and sell the same. PORTUGUESE language edition published by Starlin Alta Editora e Consultoria Eireli, Copyright © 2023 by Starlin Alta Editora e Consultoria Eireli.

Impresso no Brasil — 1ª Edição, 2023 — Edição revisada conforme o Acordo Ortográfico da Língua Portuguesa de 2009.

Dados Internacionais de Catalogação na Publicação (CIP) de acordo com ISBD

O85   A Arte do Trabalho em Equipe: O que as orcas podem ensinar sobre relacionamentos positivos / Ken Blanchard ...[et al.] ; traduzido por Caroline Suiter. – Rio de Janeiro : Alta Books, 2023.
128 p. ; 16cm x 23cm.

Tradução de: Whale Done
Inclui índice.
ISBN: 978-65-5520-812-2

1. Autoajuda. 2. Relacionamentos. I. Blanchard, Ken. II. Lacinak, Thad. III. Tompkins, Chuck. IV. Ballard, Jim. V. Suiter, Caroline. VI. Título.

2022-1296

CDD 158.1
CDU 159.947

Elaborado por Vagner Rodolfo da Silva - CRB-8/9410

Índice para catálogo sistemático:
1. Autoajuda 158.1
2. Autoajuda 159.947

Produção Editorial
Editora Alta Books

Diretor Editorial
Anderson Vieira
anderson.vieira@altabooks.com.br

Editor
José Ruggeri
j.ruggeri@altabooks.com.br

Gerência Comercial
Claudio Lima
claudio@altabooks.com.br

Gerência Marketing
Andréa Guatiello
andrea@altabooks.com.br

Coordenação Comercial
Thiago Biaggi

Coordenação de Eventos
Viviane Paiva
comercial@altabooks.com.br

Coordenação ADM/Finc.
Solange Souza

Direitos Autorais
Raquel Porto
rights@altabooks.com.br

Produtora da Obra
Illysabelle Trajano

Produtores Editoriais
Maria de Lourdes Borges
Paulo Gomes
Thales Silva
Thiê Alves

Equipe Comercial
Adriana Baricelli
Daiana Costa
Fillipe Amorim
Heber Garcia
Kaique Luiz
Maira Conceição

Equipe Editorial
Beatriz de Assis
Betânia Santos
Brenda Rodrigues
Caroline David
Gabriela Paiva
Henrique Waldez
Kelry Oliveira
Marcelli Ferreira
Mariana Portugal
Matheus Mello

Marketing Editorial
Jessica Nogueira
Livia Carvalho
Marcelo Santos
Pedro Guimarães
Thiago Brito

Atuaram na edição desta obra:

Tradução
Caroline Suiter

Copidesque
Guilherme Caloba

Revisão Gramatical
Carol Oliveira
Alessandro Thomé

Diagramação
Joyce Matos

Capa
Paulo Gomes

Dedicamos este livro aos nossos heróis anônimos — os milhares de indivíduos comprometidos que, com calma e fidelidade, têm se empenhado em pegar as pessoas que conhecem e amam fazendo as coisas certas. Depois de ler este livro, esperamos incluir você nesta lista.

BOM TRABALHO, *amigos!*

Agradecimentos

ESTE LIVRO LEVOU mais de dez anos para ser finalizado. Ao longo da jornada, várias pessoas nos ajudaram de forma importante. Começamos com um especial agradecimento cordial de BOM TRABALHO a duas pessoas essenciais: Margret McBride, nossa estimada agente literária, por sempre acreditar em nós e por tornar este livro melhor com suas ideias; e Fred Hills, distinto editor na The Free Press, por seu olho de águia sobre o manuscrito e por sua prática na arte de se unir aos autores.

Além disso, todos gostaríamos de reconhecer Paul Hersey, Spencer Johnson, Robert Lorber e Norman Vincent Peale, ex-coautores com Ken, e David Berlo e Aubrey Daniels, cientistas comportamentais *extraordinários*, por influenciar seu pensamento e muitos dos conceitos apresentados neste livro. Além disso, nossos amigos do Skaneateles Country Club, que revisaram o manuscrito e forneceram um *feedback* inestimável.

Ken: quero agradecer a Eleanor Terndrup, Dana Kyle e Dottie Hamilt, que têm sido minha mão direita em momentos diferentes ao longo dos muitos anos que venho pensando sobre este livro. E especialmente à minha esposa, Margie, que está sempre ao meu lado.

Thad: agradeço à minha família, Barbara, Michelle, e Philip, por seu amor e apoio consistente. Chuck e eu também queremos dar PARABÉNS para Ted Turner, Mike Scarpuzzi, e Dave Force por sua influência profissional positiva e, mais importante, por sua amizade.

Chuck: quero agradecer à minha esposa, Kathy, e aos meus dois filhos, Cody e Jared, pelo encorajamento, paciência e amor, e por serem a verdadeira inspiração para este livro.

Jim: à minha melhor amiga, editora pessoal, e "farol", Barbara Perman, cujas ideias influenciaram esta escrita tão profundamente; para a autora Jayne Pearl por sua ajuda; e para Matt e a turma da Collective Copies.

BOM TRABALHO, a todos!

Livros de Ken Blanchard

HIGH FIVE! *(com Sheldon Bowles — sem tradução para o português)*, 2001

MANAGEMENT OF ORGANIZATIONAL BEHAVIOR: UTILIZING HUMAN RESOURCES *(com Paul Hersey — sem tradução para o português)*, *8ª ed.*, 2000

BIG BUCKS! *(com Sheldon Bowles — sem tradução para o português)*, 2000

LEADERSHIP BY THE BOOK *(com Bill Hybels e Phil Hodges — sem tradução para o português)*, 1999

THE HEART OF A LEADER *(sem tradução para o português)*, 1999

GUNG HO! *(com Sheldon Bowles — sem tradução para o português)*, 1998

RAVING FANS: A REVOLUTIONARY APPROACH TO CUSTOMER SERVICE *(com Sheldon Bowles — sem tradução para o português)*, 1993

MANAGEMENT BY VALUES *(com Michael O'Connor — sem tradução para o português)*, 1997

MISSÃO POSSÍVEL *(com Terry Waghorn)*, 1996

EMPOWERMENT TAKES MORE THAN A MINUTE *(com John P. Carlos e Alan Randolph — sem tradução para o português)*, 1996

EVERYONE'S A COACH *(com Dan Shula — sem tradução para o português)*, 1995

WE ARE THE BELOVED *(sem tradução para o português)*, 1994

PLAYING THE GREAT GAME OF GOLF: MAKING EVERY *MINUTE* COUNT *(sem tradução para o português)*, 1992

GERENTE-MINUTO DESENVOLVE EQUIPES DE ALTO DESEMPENHO *(com Don Carew e Eunice Parisi-Carew)*, 1990

THE ONE MINUTE MANAGER® MEETS THE MONKEY *(com William Oncken, Jr., e Hal Burrows — sem tradução para o português)*, 1989

O PODER DA ADMINISTRAÇÃO ÉTICA *(com Norman Vincent Peale)*, 1988

O GERENTE MINUTO MANTÉM A FORMA *(com D. W Edington e Marjorie Blanchard)*, 1986

LIDERANÇA E O GERENTE-MINUTO *(com Patrícia Zigarmi e Drea Zigarmi)*, 1985

ORGANIZATIONAL CHANGE THROUGH EFFECTIVE LEADERSHIP *(com Robert H. Guest e Paul Hersey — sem tradução para o português)*, *2ª ed.*, 1985

O GERENTE-MINUTO EM AÇÃO *(com Robert Lorber)*, 1984

O GERENTE-MINUTO *(com Spencer Johnson)*, 1982

Livros de Jim Ballard

WHAT'S THE RUSH? *(sem tradução para o português)* 1999

A ARTE DO TRABALHO EM EQUIPE

Sobre os Autores

Ken Blanchard é chefe-executivo espiritual e presidente do Conselho das Empresas Ken Blanchard. É o autor de diversos livros, incluindo o best-seller internacional *O Gerente-Minuto* e os gigantes best-sellers de negócios *Raving Fans* [Fãs Delirantes, em tradução livre] e *Gung Ho*!, que, juntos somaram vendas de mais de 12 milhões de cópias em mais de 25 línguas. É casado, tem dois filhos e mora em San Diego, Califórnia.

Thad Lacinak é vice-presidente e diretor nacional de treinamento animal da Busch Entertainment Corporation, com mais de trinta anos de experiência em treinamento de mamíferos marinhos. Casado e pai de dois filhos, ele vive na Flórida.

Chuck Tompkins é vice-presidente e chefe de treinamento animal no SeaWorld em Orlando, Flórida. Casado e pai de dois filhos, ele vive em Windermere, Flórida.

Jim Ballard é educador, treinador corporativo e escritor. Trabalhou em três livros com Ken Blanchard: *Missão Possível*, Everyone´s a Coach [Todos são Coach, em tradução livre] e *Gerenciando por Valores*. Jim tem quatro filhos e vive em Amherst, Massachusetts.

Introdução

por Ken Blanchard

Em 1976, quando eu e minha família fomos para San Diego em um ano sabático da Universidade de Massachusetts em Amherst, um dos primeiros lugares que visitamos foi o SeaWorld. Todos com quem conversamos nos incentivaram a assistir ao show da baleia orca Shamu. Como sabia que as baleias orca são consideradas os predadores mais temidos do oceano, não sabia o que esperar. Seria apenas observá-las nadar? Que surpresa quando entramos no Shamu Stadium e o show começou! Antes que um minuto se passasse, todos nós já éramos fãs. Enquanto observava essas criaturas incríveis saltar e mergulhar, e até carregar seus treinadores nas costas, fiquei fascinado. Como elas foram treinadas para realizar tais façanhas, e com tão evidente deleite?

Durante anos, falei e escrevi sobre o poder dos relacionamentos positivos e a necessidade de surpreender as pessoas fazendo as coisas certas para desenvolver um ambiente produtivo tanto no trabalho quanto em casa. Mesmo assim, fiquei desanimado ao ver que exatamente o oposto estava ocorrendo na maioria das organizações e dos lares: parecia que pegar pessoas fazendo coisas erradas era regra. Eu estava firmemente convencido de que a punição era prejudicial às relações humanas e percebi instintivamente que não essa seria uma jogada inteligente com as baleias orca. Essa crença foi confirmada quando levei um grupo de nossos instrutores e clientes em um *tour* pelos bastidores do espetáculo de Shamu e conheci Chuck Tompkins, instrutor chefe do SeaWorld, em Orlando. Chuck e eu, reconhecendo um ao outro como almas gêmeas, chegamos a um acordo: ele me ensinaria sobre o treinamento de baleias, e eu o ensinaria sobre o treinamento de pessoas. No processo, descobrimos que estávamos ensinando as mesmas coisas!

No entanto, também tínhamos conceitos importantes para aprender um com o outro. Fiquei particularmente fascinado com a capacidade dos treinadores do SeaWorld de usar o *redirecionamento*. Ao encontrar qualquer comportamento indesejável por parte das baleias, os treinadores imediatamente redirecionariam essas energias para outro lugar. Essa estratégia muito simples, mas poderosa, permite que os treinadores criem novas situações para pegar as baleias fazendo algo certo. Todo mundo sabe que acentuar o positivo funciona melhor. Mas o que você faz quando alguém faz algo que tem um impacto negativo? Foi então que Chuck e os treinadores do SeaWorld abriram meus olhos. Em vez de concentrar a energia no que deu errado, como a maioria de nós, eles redirecionam essa energia para um resultado positivo. Quando Chuck e eu percebemos que a combinação de redirecionamento e acentuação do positivo poderia fazer uma grande diferença no trabalho e nos relacionamentos familiares, começamos a conversar sobre escrevermos juntos um livro que mostrasse como aplicar esses conceitos.

Esse projeto permaneceu um sonho por anos, até que Chuck me apresentou o seu chefe, colega e amigo Thad Lacinak. Agora tínhamos três sonhadores determinados a fazer acontecer. Pouco depois, convidei Jim Ballard, um velho amigo, colega e parceiro de redação, para unir forças conosco. Com aquela massa crítica, *A Arte do Trabalho em Equipe* começou a tomar forma. Estou encantado com este livro e acho que pode ser o mais importante que já escrevi.

Capítulo Um

COMO ELAS *FAZEM* ISSO?

Um suspiro coletivo surgiu enquanto a multidão de mais de três mil espectadores se emocionava com os incríveis saltos das baleias orca. Foi mais um show no Shamu Stadium no SeaWorld. Todos os olhos na arquibancada estavam colados nos enormes animais e em seus treinadores, então ninguém percebeu a ampla gama de emoções refletidas no rosto de um homem de calça cáqui e camisa azul que estava sentado no meio deles. Cada vez que os animais realizavam uma de suas façanhas espetaculares, e a multidão explodia em aplausos e vivas, os olhos do homem brilhavam de surpresa e deleite. Outras vezes, seu rosto ficava turvo e seus olhos assumiam uma aparência distante.

Wes Kingsley foi a Orlando para participar de uma conferência de negócios. Como a programação deixava espaço para os conferencistas descansarem, jogarem golfe ou visitarem as atrações locais, ele decidiu que uma visita ao mundialmente famoso parque zoológico marinho o ajudaria a esquecer seus problemas momentaneamente.

Ele estava feliz por ter tomado essa decisão. Junto a uma multidão de pessoas que lotavam ansiosamente o enorme estádio, ele se sentou acima das águas azuis da grande piscina principal. Após um treinador dar as boas-vindas e rever as regras de segurança, uma névoa misteriosa começou a envolver a superfície da piscina. Atrás e acima, a multidão ouviu o grito de uma águia-pescadora. O pássaro poderoso de repente voou sobre suas cabeças, mergulhou em direção ao tanque e pegou uma isca das águas enevoadas. Quando ela voou para longe, enormes nadadeiras dorsais pretas surgiram na superfície, e os espectadores prenderam a respiração quando viram monstruosas formas escuras circulando no fundo da piscina. Um treinador em traje de mergulho atravessou as brumas remando em um caiaque e foi imediatamente cercado pelas nadadeiras de enormes baleias orca.

Após essa abertura dramática, a multidão testemunhou uma série de saltos e mergulhos acrobáticos surpreendentes por um trio de baleias — um macho de quase cinco toneladas e duas fêmeas de duas toneladas cada. Esses mamíferos marinhos, entre os predadores mais temidos do oceano, agitavam suas nadadeiras dorsais para o público, permitiam que os treinadores "surfassem" na piscina se equilibrando em suas costas e, com movimentos de suas grandes caudas, espirravam água nas primeiras dez fileiras de espectadores. Entre gargalhadas, expressões de surpresa e aplausos estrondosos, a alegria da multidão estava mais que comprovada.

Wes Kingsley também ficou fascinado pelo espetáculo que se desenrolava diante dele. No final, quando as três baleias subiram seus corpos reluzentes de costas pretas e barrigas brancas até uma seção elevada da piscina para fazer algumas reverências bem-merecidas, ele rabiscou várias notas em um pequeno caderno.

Enquanto as pessoas saíam do estádio, muitas delas ainda pingavam devido ao banho que haviam recebido, alegremente sentadas na "zona de respingo" das primeiras dez fileiras. Apesar disso — ou talvez por causa disso —, o rosto delas brilhava com sorrisos. Wes Kingsley ainda estava sentado em seu assento na fileira superior das arquibancadas vazias e continuou olhando para a piscina. Suas profundezas azuis, recentemente inundadas por grandes ondas, mas agora paradas, pareciam ecoar seu humor.

Depois que a multidão saiu e o lugar ficou quieto, um portão subaquático se abriu e uma forma negra gigante entrou na piscina e começou a circulá-la. Um treinador entrou por uma porta e caminhou até a borda da piscina, e a enorme baleia orca imediatamente nadou até ele. — Muito bem, garotão — disse ele, acariciando sua cabeça. — Aproveite a sua folga. Você merece. Enquanto o treinador se levantava e caminhava ao longo da borda da piscina, a baleia se movia com ele. Parecia estar tentando ficar o mais perto possível do treinador.

O homem de camisa azul na arquibancada balançou a cabeça e pensou consigo mesmo: *Você pensaria que depois de fazer um show inteiro a baleia aproveitaria o tempo livre. Mas o que ela quer fazer? Brincar com o treinador!* Uma pergunta estava se formando na mente do homem, uma necessidade de saber que vinha crescendo nele desde o início do show. Ele teve o impulso de descer e fazer essa pergunta ao treinador, mas o medo do constrangimento o impediu. Então, de repente, ele se levantou do banco e desceu rapidamente as escadas.

— Com licença — gritou Wes quando alcançou o *deck* da piscina e começou a andar em direção ao treinador, que o olhou surpreso. Então ele gesticulou em direção a uma porta. — Senhor, a saída é ali. — Eu sei. Mas eu preciso perguntar uma coisa. Conforme Wes se aproximava, era evidente que ele não estava pronto para aceitar um não como resposta.

— Claro — disse o treinador —, o que você quer saber?

Tirando a carteira do bolso, Wes ofereceu duas notas de cinquenta dólares ao treinador. — Estou disposto a pagar a você pela informação. O que eu quero saber é provavelmente o que todo mundo que assiste o show se pergunta: qual é o seu segredo? Como você engana esses animais para que atuem para você? Você os deixa com fome?

O homem de roupa de mergulho controlou o impulso de reagir com raiva à atitude impertinente do visitante. Pacientemente ele disse: "Nós não os enganamos e não os deixamos com fome. E você pode ficar com seu dinheiro."

— Bem, então o que é? O que você *faz*? — exigiu Wes. Mas depois de um longo silêncio, sua atitude se suavizou. Percebendo que havia ofendido o treinador, ele guardou seu dinheiro. — Desculpe — disse ele, estendendo a mão. — Meu nome é Wes Kingsley. Não quero incomodá-lo com isso, mas realmente preciso saber como você consegue um desempenho tão incrível desses animais.

— Dave Yardley — disse o treinador enquanto apertavam as mãos. — Estou encarregado do treinamento dos animais aqui, então acho que você pode dizer que veio ao lugar certo. A resposta à sua pergunta é que temos professores. Você gostaria de conhecer um deles?

Kingsley olhou em volta para ver se alguém estava se juntando a eles. Quando ele olhou para trás, Yardley estava apontando para a baleia. — Este é um dos nossos professores. Seu nome é Shamu. Ele e todas as baleias aqui no SeaWorld nos ensinaram tudo o que sabemos sobre como trabalhar com esses animais maravilhosos.

Wes semicerrou os olhos com cautela. — Fala sério! Você quer dizer que foi treinado por um *animal*? Achei que fosse o contrário.

Dave balançou a cabeça. — Shamu é uma das maiores baleias orca do mundo vivendo em um parque zoológico. No que diz respeito a quem treina quem, deixe-me colocar desta forma. Quando você está lidando com um animal de cinco toneladas que não fala inglês, você aprende muito.

Wes olhou para as fileiras de enormes dentes de cinco centímetros na boca enorme de Shamu. — Acho que a única coisa que ele me ensinaria é a ficar do lado dele.

— Há muitos dados para confirmar isso — disse Dave. — As baleias orca são os predadores mais temidos do oceano. Elas podem matar e comer qualquer coisa à vista.

— Acho que se ele não estiver aprendendo as lições, não é possível deixá-lo de castigo — arriscou Wes.

— Tem razão. Uma coisa que aprendemos rapidamente foi que não faz muito sentido punir uma orca e depois pedir a um treinador para entrar na água com ela.

— Não, a menos que você queira encurtar sua carreira! — exclamou Wes. Então, relembrando os saltos extraordinários que Shamu deu no show, ele acrescentou. — É difícil acreditar que uma criatura daquele tamanho poderia pular uma altura de três metros fora d'água. O que você *faz* para que ele tenha um desempenho tão bom?

— Vamos apenas dizer que não aconteceu da noite para o dia — disse Dave. — Shamu nos ensinou paciência.

— Como assim?

— Shamu não estava disposto a fazer nada por mim ou por qualquer outro treinador até que ele confiasse em nós. Enquanto trabalhava com ele, ficou claro que não poderia treiná-lo até que ele se convencesse das minhas intenções. Sempre que pegamos uma nova baleia, não tentamos fazer nenhum treinamento por algum tempo. Tudo o que fazemos é garantir que elas não tenham fome; então entramos na água e brincamos com elas, até convencê-las.

— Convencê-las de quê?

— De que não queremos fazer mal a elas.

— Você quer dizer que quer que elas confiem em você — disse Wes.

— Você está certo. Esse é o princípio fundamental que usamos ao trabalhar com todos nossos animais.

Wes pegou seu caderno e sua caneta e começou a escrever.

— Você está escrevendo um artigo? Ou fazendo pesquisa? — perguntou Dave.

Wes Kingsley sorriu sobriamente. — Você pode chamar de pesquisa de interesse pessoal. Tenho que aprender algumas coisas novas sozinho, ou então...

Dave Yardley esperou e observou. *É difícil para esse cara confiar em alguém*, pensou ele. *Por isso seu ato arrogante.*

Após uma longa pausa, Wes falou, evitando contato visual com o treinador. — Eu moro perto de Atlanta e trabalho para uma grande empresa de suprimentos industriais. Vim para a Flórida para passar alguns dias, usando uma conferência de negócios como desculpa. Mas lá no hotel com meus colegas gerentes, tudo em que eu conseguia pensar era em como eu não queria voltar para casa para enfrentar os mesmos velhos problemas.

Dave estava ouvindo com evidente interesse.

— Por muito tempo venho tendo dificuldade em fazer com que meu pessoal no trabalho tenha um bom desempenho — continuou Wes, depois sorriu. — Sem mencionar minhas filhas, que deveriam ajudar em casa e se sair melhor na escola. Quando reclamei com um amigo sobre isso, ele sugeriu que, como eu estava tendo problemas de gerenciamento tanto no trabalho quanto em casa, deveríamos procurar o denominador comum.

— E o que era?— perguntou Dave

— Meu amigo disse: "Você já percebeu, quando sua vida não está funcionando, *quem está sempre por perto*?"

Os dois homens riram. — Sei que não estou administrando bem — continuou Wes — e posso estar prestes a perder meu emprego. Francamente, estou ficando um pouco desesperado.

Dave estava ciente do tom de voz ansioso, quase suplicante, de Wes e disse:

— Deixe-me levá-lo em um pequeno *tour* pelos bastidores. Então podemos conversar mais sobre isso.

Dave conduziu Wes por um portão até uma piscina de treinamento onde, a poucos metros de distância, as enormes costas negras e nadadeiras de duas baleias orca estavam deslizando pela água azul límpida. Seus belos corpos exalavam um ar de calma e, ao mesmo tempo, a promessa de um poder explosivo. Enquanto os dois homens caminhavam de uma piscina de contenção para outra, o treinador identificou cada baleia pelo nome e contou histórias interessantes sobre elas.

— Leva muito tempo para construir confiança e amizade com cada uma das baleias — disse Dave. Essa confiança e amizade é a base de tudo que você acabou de ver no show. Esses animais não são tão diferentes de pessoas. Eles te mostrarão quando não gostam da maneira como você os trata. Você é um homem de negócios, então sabe que todo o jogo hoje em dia é satisfazer o cliente, e um ingrediente-chave disso é satisfazer seu próprio pessoal. Quando nossas baleias orca perdem completamente o medo de nós, as vibrações positivas entre elas e nós são transferidas para o público.

— Isso é verdade — disse Wes enfaticamente. — O show traz muita alegria ao público. Pude ver no rosto das pessoas quando saíram do estádio. Metade delas estava encharcada, mas levava um grande sorriso no rosto.

— Você pode ver nas baleias também — disse Dave —, elas se aglomeram no portão quando o show está começando. É claro que elas querem participar. Elas sabem que será uma experiência positiva.

— Ok, entendi o princípio. Mas o que você realmente faz com as baleias para construir essa confiança?

— É bom anotar. — Dave sorriu. — Nós...

Acentuamos o positivo.

— Hum — meditou Wes. — Eu acho que há uma velha canção sobre isso. — Ele pegou seu bloco de notas e começou a escrever novamente. — Então, é assim: *Construa confiança... Acentue o positivo*. Certo?

— Certo. Acentuamos o positivo, não o negativo. Prestamos muita atenção quando o animal faz o que pedimos e executa uma tarefa corretamente.

— Isso parece bom — disse Wes insistentemente. — Mas e quando ele *não faz* isso, ou faz *in*corretamente?

— Ignoramos o que ele fez de errado e imediatamente redirecionamos seu comportamento para outra coisa.

Wes parou de escrever e ergueu os olhos, obviamente incomodado. — O que exatamente você quer dizer com *ignorar*?

— Quero dizer...

— Se um de meus funcionários errar — interrompeu Wes com sua voz agitada —, não posso me dar ao luxo de apenas olhar para o outro lado. Se uma de minhas filhas não fizer o dever de casa ou começar a irritar a irmã, minha esposa e eu certamente não *ignoraremos* isso!

— Então eu estou supondo — disse Dave calmamente — que quando as pessoas em sua empresa ou suas filhas fazem algo que o desagrada, você presta muita atenção nisso.

— Claro que sim!

— Você provavelmente diz a eles que não gostou do que eles fizeram. E você os avisa para não fazerem novamente.

— Ei — explodiu Wes defensivamente. — Não é esse o meu dever como gerente? Não é isso que qualquer pai responsável faz?

O treinador encolheu os ombros. — Se você diz. Mas eu me pergunto: "Essa é a maneira de construir um ambiente de confiança no escritório ou em casa?"

Isso pegou Wes de surpresa. — Pensando um pouco mais — disse ele —, acho que não. É mais como acentuar o negativo.

Dave assentiu com a cabeça. — Um conceito importante a lembrar é que, *quanto mais atenção você presta a um comportamento, mais ele será repetido.* Aprendemos com as baleias orca que, quando *não* prestamos muita atenção ao que elas fazem de errado, mas, em vez disso, prestamos *muita* atenção ao que fazem *certo*, elas fazem a coisa certa com mais frequência.

— Então você está dizendo que o segredo é o que você foca.

— Exatamente. No entanto, não acentuamos o positivo apenas para fazer os animais atuarem. Fazemos isso porque é a coisa certa a fazer. Tratamos nossos animais como indivíduos, cada um com capacidades ilimitadas de desenvolvimento e realização. Fazemos todos os esforços para persuadir os animais a nos verem como seus amigos. Depois que a amizade é estabelecida com cada animal em particular, tentamos descobrir exatamente em que ponto podemos nos entender, com base na confiança e compreensão mútuas. Estudamos seus padrões de comportamento para descobrir do que ele gosta. Então, transformamos tudo no treinamento em um jogo, injetando lições fáceis que os animais aprendem quase sem esforço.

Wes ficou pasmo. — Você fala sobre esses animais como se eles fossem superinteligentes, como se eles *quisessem* ser amigáveis e cooperar com os humanos.

— Eles querem — disse Dave. — Mas os humanos devem fazer a sua parte. Uma das práticas mais prejudiciais na educação animal é o hábito humano de limitar mentalmente os animais. O que o ser humano pensa sobre um animal e espera de um animal tem uma relação direta com a resposta ou falta de resposta desse animal.

— Nunca ouvi essas ideias aplicadas a animais antes.

— Isso é porque as pessoas, em geral, desprezam os animais — continuou Dave. — A abordagem convencional para o treinamento de animais é aquela em que um ser "superior" obriga um "inferior" a fazer o que ele ou ela deseja. Os animais podem perceber as expectativas com uma precisão surpreendente. Eles podem "viver abaixo" das expectativas humanas, assim como as pessoas podem. Mas você nunca deve se surpreender quando um animal faz o que você pede, mesmo quando você pede pela primeira vez. Essas baleias orca nos ensinaram a sempre esperar o impossível. Isso nos ajuda mais do que o animal. Se não houver resposta, é um sinal de que nós, humanos, precisamos nos educar mais. Não o animal.

— Acho que a maioria das pessoas não concede a seus semelhantes, muito menos a seus animais de estimação e outros, o tipo de respeito e compreensão que você está descrevendo — disse Wes. — *Eu* certamente não. Não é à toa que essas baleias fazem um excelente trabalho! Seria uma grande reviravolta em minha carreira como gerente e como marido e pai se eu pudesse começar a aplicar essa filosofia cuidadosa e respeitosa em meus relacionamentos, porém é uma tarefa difícil

— Pode acreditar! — disse Dave enfaticamente.

Wes escreveu mais algumas anotações. — Eu entendo que o principal é o que você foca. Ainda não entendi a parte sobre ignorar o mau comportamento — disse ele.

Dave assentiu com a cabeça. — Quando digo que ignoramos comportamentos indesejáveis, não quero dizer que não devemos fazer nada. Você pode ter perdido o que eu disse sobre *redirecionamento*.

— Redirecionamento, certo — murmurou Wes, escrevendo outra nota. — Conte-me mais sobre isso.

— É tudo uma questão de gerenciamento de energia. Começa controlando nossa própria atenção. Uma regra simples, mas muito poderosa, para lembrar é: *se você não deseja encorajar um comportamento inadequado, não gaste muito tempo com isso.* Em vez disso, recanalizamos a energia.

— Recanalizar energia — repetiu Wes lentamente enquanto escrevia a frase. — Como você faz isso?

— Depende. Se a coisa que pedimos ao animal para fazer é parte integrante do show, simplesmente direcionamos sua atenção de volta para a tarefa original e damos a ele outra chance de fazê-lo direito. Outras vezes, dirigimos a atenção do animal para outra coisa que queremos que ele faça, algo de que ele gosta e pode fazer bem. Em qualquer dos casos, seguindo o redirecionamento, observamos para ver se podemos pegá-lo fazendo algo certo, para que possamos acentuar o positivo e dar-lhe um agrado.

— Você quer dizer algo para comer?

— Comida certamente pode ser um agrado — disse Dave. — Mas queremos encontrar outras coisas de que ele goste. Antes de trabalhar com ele, Shamu havia aprendido sobre reforço alimentar contínuo. Sempre que ele fazia qualquer coisa que deveria fazer, ele ganhava um peixe. Agora, você consegue ver certa desvantagem nisso?

— Claro. Ele só se apresentaria para você quando estivesse com fome, e você teria que mantê-lo com fome o tempo todo!

— Exatamente, e não foi uma boa ideia para ele ou para o treinador. — Dave sorriu. — Precisávamos acostumá-lo a outros aspectos positivos, como acariciar sua cabeça. As baleias gostam de ser tocadas e acariciadas. Queríamos que ele soubesse de forma bem clara que não usamos a punição como motivador e que havia outros agrados além da comida.

— O que você está me dizendo sobre variar a recompensa faz sentido. — Wes tirou os olhos de suas anotações. — Mas, novamente, estou tentando aplicar tudo isso à minha situação em casa. Estou pensando que, de certa forma, o dinheiro pode ser para os humanos como a comida é para os animais, ele apenas fornece o básico. Se eu quiser influenciar o desempenho do meu pessoal usando seu método, tenho que encontrar outros motivadores além do dinheiro. — Wes fez uma pausa. — É difícil de acreditar, mas talvez você e Shamu sejam os únicos a me ajudar a encontrar algumas respostas.

Dave sorriu, vendo pela primeira vez o espírito infantil e simpático que estava escondido atrás do exterior impetuoso de Wes. Ele se virou de repente e caminhou até o escritório, enfiou a mão por uma janela aberta e trouxe um telefone celular. Digitando um número, disse a Wes: — Com licença. Tenho que fazer esta ligação.

Aborrecido, Wes se afastou alguns metros. Seu rosto havia começado a voltar para a máscara de invulnerabilidade. *Sou um idiota*, pensou ele. *Quem procura respostas para seus problemas de relacionamento com um bando de baleias?* Ele olhou para o relógio. Se ele se apressasse, ainda poderia voltar ao hotel para a reunião do almoço.

Dave falava ao telefone. — Anne Marie? Olá, é Dave Yardley, do SeaWorld. Como vai? — Houve uma pausa, então o treinador disse: — Minha amiga, tem alguém aqui que precisa falar com você... Sim, ele está bem aqui. Seu nome é Wes Kingsley e ele está muito interessado em saber como treinamos os animais e se esses princípios e técnicas podem ser aplicados ao relacionamento com as pessoas. Ele diz que está particularmente interessado em aplicá-los às relações empresariais.

Dave ouviu por alguns momentos. Então ele disse: — Eu sei. Não é interessante? E olha só: ele é de Atlanta. Então, devo colocá-lo na linha?

Um pouco envergonhado, Wes caminhou até Dave, que estava segurando o telefone para ele.

— Perdoe-me, Wes — disse Dave. — Achei que você poderia obter ajuda da minha amiga, então liguei para ela. Talvez você já tenha ouvido falar dela. O nome dela é Anne Marie Butler. Ela é bastante conhecida como consultora de negócios. É autora de livros de negócios e viaja por todo o mundo conduzindo seminários de negócios sobre liderança e motivação humana. Ela mora em Atlanta.

Wes sentiu um pânico momentâneo. O nome Anne Marie Butler era de fato familiar para ele. Ela era uma das principais executivas do país. Jovem e recém-formada em uma escola de negócios, ela começou um negócio de roupas e, em poucos anos, o transformou em uma linha de moda reconhecida internacionalmente. Seu sucesso na contratação e retenção de funcionários de alto escalão tornou-se lendário e fez com que se tornasse uma requisitada consultora de gestão, autora de vários livros best-sellers e uma estrela no circuito de palestras sobre relações humanas. Wes tinha visto alguns de seus livros, mas nunca os tinha lido. Sentindo-se estranho, ele pegou o telefone.

— Alô?

— Olá, Wes — disse uma voz amigável. — Aqui é Anne Marie Butler. Eu conheço Dave há anos e estou muito feliz em conversar com você. Em que posso ajudar?

— Bem, hum... — Wes gaguejou. — Estive conversando com Dave aqui e tentando descobrir algumas maneiras de usar suas técnicas de treinamento de animais em meu trabalho como gerente.

Anne Marie riu. — Não faz muito tempo que eu estava exatamente onde você está, vendo aquelas baleias se apresentarem e me perguntando: Meu Deus, como eles fazem isso? Em meu trabalho como consultora de gestão, estou sempre em busca de ideias e estratégias que possa transmitir a outras pessoas e que as ajudem a obter o melhor de seu pessoal. Quando conheci Dave e os outros treinadores do SeaWorld, senti que eles eram um presente divino. E depois que descobri alguns de seus segredos de treinamento de animais, comecei a incorporá-los em minhas consultas, palestras e livros. Mais importante, comecei a usá-los em meus próprios relacionamentos.

Aturdido, Wes teve a estranha sensação de que estava no lugar certo na hora certa. Anne Marie repetindo sua admissão de resposta para uma prece de momentos antes parecia um sonho. — É muito gentil da sua parte falar comigo — disse ele finalmente. — Talvez você possa recomendar alguns de seus livros onde escreveu sobre essas coisas.

— Melhor ainda, por que não nos encontramos? Quando você voltará para Atlanta?

— Na sexta-feira.

— Bem, acontece que farei uma palestra na convenção na segunda-feira de manhã no Hilton do centro da cidade. Por que você não participa? Poderíamos ter uma conversa depois.

— Sério? Isso seria ótimo! — exclamou Wes. — Muito obrigado. — Ele devolveu o telefone a Dave. Depois que Dave se despediu de Anne Marie e desligou, Wes deixou escapar: — Não acredito que me encontrarei com Anne Marie Butler. Eu realmente só tenho a agradecer a você, Dave.

— O prazer é meu — disse o treinador com sinceridade, e os dois homens apertaram as mãos.

Wes folheou as páginas de seu caderno, revisando apressadamente o que havia escrito. — Antes de eu ir — disse ele —, você se importa se eu resumir alguns dos pontos-chave que você abordou?

— Fique à vontade.

- **Construir confiança.**
- **Acentuar o positivo.**
- **Quando ocorrerem erros, redirecionar a energia.**

— Você capturou a verdadeira essência, Wes — disse Dave. Em seguida, ele acrescentou: — Lembre-se de que tudo o que você vê no espetáculo de Shamu é baseado e impulsionado por nossas relações positivas com os animais.

— Mas falando sério — disse Wes em tom confidencial —, você nunca os pune?

— Não. Há momentos em que eles não querem cooperar conosco. As baleias são como os humanos. Há dias em que elas se levantam do lado errado da piscina. Quando as coisas simplesmente não estão dando certo, paramos o show e dizemos ao público que Shamu precisa de um tempo para descansar. Isso já é bem conhecido. Enquanto os outros animais assumem o controle, Shamu vai para uma piscina nos bastidores.

— E o que acontece?

— Ele raramente fica lá por muito tempo. Essas baleias adoram se apresentar. E quanto mais acentuamos o positivo, mais elas confiam em nós e melhor é o seu desempenho.

— Sabe, foi estranho vir aqui hoje — disse Wes.

— O que você quer dizer? — perguntou Dave.

— Bem, eu vim para o SeaWorld para deixar de pensar sobre o trabalho e, em vez disso, descobri que estou fazendo um treinamento de gerenciamento.

— Por mais estranho que possa parecer — disse Dave —, é disso que se trata o trabalho com baleias.

Capítulo Dois

NA SEGUNDA-FEIRA SEGUINTE, Wes Kingsley foi até o hotel no centro da cidade onde Anne Marie Butler daria sua palestra. Deixou seu carro com o manobrista, entrou no hotel e juntou-se à multidão que circulava. Havia um crachá com seu nome na mesa da recepção, e ele sentou-se no fundo do auditório. Quando o lugar ficou cheio, o moderador subiu ao palco e deu as boas-vindas à multidão.

— Aqueles que estão familiarizados com o trabalho de Anne Marie Butler, ou a ouviram falar, sabem que teremos um raro prazer e que o tom será positivo. Sem mais delongas, vamos dar as boas-vindas a uma das vozes verdadeiramente afirmativas no mundo dos negócios hoje, Anne Marie Butler. — Uma salva de palmas explodiu quando uma atraente mulher loira de meia-idade subiu ao palco.

— Antes de começar a falar — disse Anne Marie —, deixe-me perguntar uma coisa. Quantos de vocês têm pessoas que se reportam a vocês, seja no trabalho ou em casa? — As pessoas riram enquanto a maioria erguia as mãos. Anne Marie piscou. — Aposto que muitos de vocês não se consideram gerentes em casa, certo? — Houve outro murmúrio de concordância.

— Vocês estão gerenciando pessoas em várias áreas de sua vida — continuou Anne Marie. — Hoje quero falar com vocês sobre como motivar os outros. Esse é o seu trabalho como líder, vocês sabem. No tempo que teremos juntos, compartilharei com vocês uma maneira de motivar as pessoas. É a verdade mais poderosa que conheço sobre gerenciamento. É simples. É profunda. E, como de costume com verdades simples e profundas, está bem debaixo do seu nariz. Quando você sair daqui hoje, meu palpite é que começará a prestar atenção em suas interações com as pessoas de uma maneira totalmente nova; uma forma que o ajudará a construir relacionamentos positivos, aumentar a energia das pessoas e melhorar seu desempenho no trabalho. Pode até torná-los melhores pais. É sobre aquilo que você foca. O que precisamos como gerentes, líderes de equipe e pais é uma maneira de nos concentrarmos no que é brilhante, nobre e maravilhoso nas pessoas com quem trabalhamos. Deixe-me mostrar o que quero dizer. Todos na sala poderiam se levantar?

Quando todo o salão estava de pé, Anne Marie disse: — Tenho duas tarefas para vocês. Primeiro, por cerca de um minuto ou mais, gostaria que vocês cumprimentassem as pessoas ao seu redor como se elas não fossem importantes e você estivesse procurando alguém mais importante com quem conversar.

O auditório logo estava movimentado, com todos trocando cumprimentos e apertos de mão apressados, principalmente em voz baixa e sem contato visual.

Depois de um tempo, Anne Marie anunciou: — Tudo bem, chega disso. Agora eu gostaria que vocês cumprimentassem todos ao seu redor, por mais um minuto ou mais, como se eles fossem amigos que você não vê há muito tempo e está muito feliz em encontrar.

Instantaneamente, o lugar estava cheio de movimento e vozes altas. As pessoas estavam sorrindo calorosamente, apertando as mãos com entusiasmo e dando tapinhas nas costas umas das outras.

Desta vez, quando Anne Marie tentou intervir, foi mais difícil. Mesmo quando ela disse "Vocês podem se sentar agora", o nível de ruído na sala permaneceu alto. As pessoas estavam se divertindo cumprimentando daquela maneira.

Finalmente, quando todos estavam sentados, Anne Marie perguntou: — Por que acham que pedi para vocês fazerem isso? — Todos riram, como se estivessem se perguntando a mesma coisa. — Era para fazer uma observação sobre energia — continuou. — Estou convencida de que, para motivar as pessoas e criar uma organização ou departamento de alta qualidade, é necessário saber como gerenciar a energia das pessoas. Qual das duas atividades que pedi para vocês se envolverem gerou mais energia?

— A segunda! — respondeu a multidão.

— Isso mesmo. Como aumentei a energia na sala? Tudo o que fiz foi pedir para mudar o foco de sua atenção. Da primeira vez, você se concentrou no negativo, pessoas sem importância, e você estava procurando por alguém mais importante. Na segunda vez, eu lhe dei um enfoque positivo, amigos que não encontrava há muito. Essa mudança de foco fez diferença em sua energia? Sim, com certeza!

Enquanto Anne Marie Butler fazia uma pausa para um gole de água, o público zunia de entusiasmo, mostrando que sua introdução os havia preparado bem. Eles estavam ansiosos. Eles estavam prontos. Eles estavam *motivados*.

— Agora — continuou Anne Marie —, quantos de vocês assistiram ao show da baleia orca Shamu em um dos parques do

SeaWorld? — Mais uma vez, a maioria das mãos na sala se levantou. — Ao conhecer Dave Yardley e sua equipe de treinadores no Orlando SeaWorld, fiquei fascinada em aprender a chave para seu sucesso fenomenal em fazer as baleias realizarem as proezas que fazem.

— Sei que você deve estar se perguntando: "Que diabos o treinamento de baleias orca tem a ver com motivar meu pessoal no trabalho, ou meus filhos?" A resposta é: tudo! Os métodos que eles usam para treinar esses animais maravilhosos funcionam tão bem, se não melhor, com as pessoas. Por quê? Porque podemos *falar* com as pessoas. Quero compartilhar alguns desses métodos com vocês esta manhã e fazer com que pensem em aplicá-los à maneira como gerenciam pessoas. Para começar, ensinarei o que chamo de ACC da gestão de desempenho. — Um slide apareceu na tela grande atrás do palco:

O ACC de Desempenho

A = Ativador

O que é feito para que o desempenho aconteça.

C = Comportamento

O desempenho que ocorre.

C = Consequência

Sua resposta ao desempenho.

— Vamos começar com o *A*, Ativador — disse Anne Marie. — Quando falamos de um *Ativador*, estamos querendo dizer que é algo que estimula o comportamento ou desempenho que você deseja. Os treinadores do SeaWorld usam sinais para indicar o que eles querem que os animais façam: com o braço ou a mão, batendo na água ou apitando. Com as pessoas, um Ativador pode ser um conjunto de instruções, uma experiência de treinamento ou até mesmo um chefe gritando. Os Ativadores mais comuns são metas. No meu trabalho com organizações eu, às vezes, peço aos gerentes que me digam os objetivos de seu pessoal. Em seguida, vou até as pessoas e pergunto a *elas* quais são seus objetivos. Quando colocamos as duas respostas frente a frente, são quase sempre diferentes. Frequentemente, nem parecem semelhantes. Desta forma, as pessoas são criticadas por seus chefes por não fazerem o que não sabiam que deveriam fazer. Essa não é uma forma muito eficaz de gerenciar ou de ser gerenciado.

— Todo bom desempenho começa com metas claras. Se os gerentes não se sentarem com seu pessoal e desenvolverem metas inteligentes e viáveis que sejam claras para ambos os lados, seu pessoal ficará sem qualquer ideia do que se espera que façam ou do que é um bom desempenho. Se seu pessoal não sabe o que está sendo pedido para fazer, o que você faz como gerente não importa. Até Alice, em *Alice no País das Maravilhas*, aprendeu isso. Quando ela chegou a uma bifurcação na estrada, ela encontrou o Gato de Cheshire sentado lá. Ela perguntou a ele: "Que caminho devo seguir?" "Para onde você está indo?", perguntou o gato. "Eu não sei", disse Alice. "Então não importa", o gato rapidamente respondeu.

— Portanto, o *A* no ACC, seja lá o que acione o desempenho, é importante — continuou Anne Marie —, mas certamente não é toda a história. Depois de motivar o desempenho que deseja, definindo metas claras, você deve observar o *Comportamento*. Isso é o que o primeiro C significa. Com uma baleia orca, esse comportamento pode ser saltar no ar, dar uma volta ao redor da piscina com o treinador, espirrar água no público com a sua cauda ou fazer uma reverência. Com as pessoas no trabalho, pode ser falar de forma eficaz com os clientes, atingir uma cotação de vendas ou concluir um relatório dentro do prazo. Com as crianças, pode ser arrumar o quarto ou fazer o dever de casa. Observar o comportamento que ocorre após a ativação inicial é uma etapa que muitas vezes não é cumprida pelos gerentes, mesmo quando obtêm o desempenho que desejam. Depois que as metas são definidas e o treinamento necessário termina, elas desaparecem. Quando isso acontece, eles não têm a menor chance de aproveitar a terceira e mais importante etapa no gerenciamento de desempenho: o segundo C, ou *Consequência*: o que acontece *após* você obter o comportamento que estava procurando. Mas antes de continuarmos, deixe-me fazer uma pergunta muito importante: quando você faz algo certo no trabalho, que tipo de resposta você recebe, geralmente?

As pessoas pararam para pensar nisso, começaram a sorrir e finalmente caíram na gargalhada.

Alguém expressou gritando o que o público estava percebendo: *Nada* acontece! Ninguém diz *absolutamente nada*!

— Você está certíssimo — concordou Anne Marie. — A reação mais frequente que as pessoas obtêm por seu desempenho é *nenhuma* resposta. Ninguém percebe ou comenta. E quando é que alguém comenta?

Todos na plateia sabiam qual era a resposta a essa pergunta: quando as coisas dão errado.

— Quando pergunto às pessoas ao redor do mundo "Como você sabe se está fazendo um bom trabalho?", a resposta mais comum que recebo é: "Quando não tenho sido criticado ultimamente pelo meu chefe." Em outras palavras, nenhuma notícia já é uma boa notícia. Mas deem uma olhada neste próximo slide...

ATIVADOR

COMPORTAMENTO

CONSEQUÊNCIA

— Será que todo mundo percebe onde está o holofote? — perguntou Anne Marie. — Isso é para indicar que, das três etapas, A, o primeiro C, ou o segundo C, este último tem, de longe, o maior impacto no desempenho geral. No entanto, como todos acabamos de reconhecer, a resposta usual que obtemos quando temos um bom desempenho é nos deixarem em paz. Na verdade, existem três outros tipos de respostas que você pode dar.

Uma nova imagem apareceu na tela.

4 Tipos de Consequência

1. Sem Resposta
2. Resposta Negativa
3. Redirecionamento
4. Resposta Positiva

— Até certo ponto, já cobrimos as duas primeiras respostas — disse Anne Marie. — O mais popular, é claro, é o primeiro, Sem Resposta. As pessoas estão tão acostumadas a serem ignoradas, que pensam nisso como uma condição normal de trabalho. A resposta à qual as pessoas realmente prestam atenção é a Negativa. A maioria das pessoas é gerenciada por uma abordagem de ser *deixado em paz*. Elas nunca ouvem nada de seu chefe até que algo ruim aconteça. A Sem Resposta é seguida por uma Resposta Negativa, que pode vir na forma de um olhar zangado, crítica verbal ou mesmo algum tipo de penalidade.

— As duas últimas respostas presentes em nossa lista, Redirecionamento e Resposta Positiva, são as menos usadas, mas as mais poderosas. Vejamos primeiro o Redirecionamento. As pessoas me dizem "Você não pode simplesmente ignorar o desempenho ruim ou comportamento negativo", e eu concordo. O que aprendi com os treinadores de baleias é que, se esses mamíferos maravilhosos fizerem algo inaceitável, os treinadores *redi-*

recionarão sua energia e atenção para o que eles deveriam fazer ou para outra atividade. O redirecionamento é a maneira mais eficaz de lidar com comportamentos indesejáveis. Dave Yardley, meu amigo do SeaWorld, me disse que os treinadores não prestam atenção ao mau comportamento das baleias. Em vez disso, eles redirecionam rapidamente sua atenção para outra tarefa e, em seguida, observam seu desempenho de perto para que possam vê-las fazendo algo certo.

— E como o redirecionamento funciona com as pessoas? Primeiro, deixe-me dizer que acho que o Redirecionamento é a melhor maneira de reverter inúmeras situações de baixo moral. Você descobrirá que essa resposta funcionará em 99% dos casos em que você pode se sentir tentado a usar uma Resposta Negativa com uma pessoa. É uma resposta muito poderosa porque traz a pessoa de volta aos trilhos e, ao mesmo tempo, mantém o respeito e a confiança ao não dar atenção ao comportamento equivocado de uma forma negativa.

Enquanto Anne Marie continuava falando, os olhos de Wes Kingsley assumiram um aspecto distante ao se lembrar de Mike Talmadge, seu antigo chefe na Benning Corporation, o melhor gerente que já tivera. Desde o momento em que Mike o contratou, Wes sentiu o apoio do homem mais experiente. A confiança evidente de Mike fez Wes querer ter sucesso mais do que nunca, e ele se dedicou ao trabalho.

Em sua memória, Wes se viu entrando no escritório de seu chefe um dia. Mike estava sentado em sua mesa, debruçado sobre alguns documentos. Quando ele olhou para cima, seu rosto estava sério. — Sente-se, Wes — disse ele. — Precisamos revisar algumas coisas.

— Claro. — Wes sentou-se em uma cadeira, intrigado com o comportamento sério de Mike.

— Estes são relatórios de suas vendas no mês passado — começou Mike. — Alguns deles mostram que você começou a visitar o pessoal da fábrica de Harrelson, certo? — Wes concordou com a cabeça. — Você sabia que Shauna Dietrich gerencia a conta de Harrelson há um ano?

— Meu Deus, eu não fazia ideia! — Wes deu um tapa na testa de vergonha.

— Sem problemas. — Mike se recostou e sorriu. — Nós temos que seguir em frente. A culpa é minha. Obviamente, confundi você ao não abordar detalhadamente como averiguar quem está trabalhando em que área. — Mike virou a tela do computador para que Wes pudesse ver. — Puxe sua cadeira para ver melhor a tela. Vou mostrar rapidamente como acessar essas informações.

Wes sentiu uma onda de alívio. A responsabilização de seu chefe em relação a si mesmo tinha diminuído a pressão. Aliviado, Wes se inclinou para a frente ansiosamente, enquanto Mike explicava seu engano.

Wes revisou aquela reunião em detalhes. *Primeiro, Mike descreveu meu erro sem me censurar. Segundo, ele mesmo se culpou, removendo a pressão que eu estava sentindo. Isso me deixou aberto e com vontade de aprender. Não houve indício de punição. Ele me fez entender a tarefa em detalhes, mostrando e me dizendo como deveria ser feito. Finalmente, ele expressou confiança e segurança em mim. Quando saí de seu escritório, estava completamente de volta aos trilhos e me sentindo ainda melhor sobre fazer um bom trabalho para ele e para a empresa.*

Wes percebeu que acabara de reproduzir em sua mente uma resposta de Redirecionamento perfeita. A prova, concluiu ele, estava na maneira como ele sentiu que tinha sido tratado por Mike e na renovação de sua energia e de seu empenho que a sessão produziu. Poucos meses depois disso, Wes se tornou o principal vendedor da empresa e permaneceu lá pelo resto de seu tempo na Benning Corporation. Conforme sua atenção voltou para o que Anne Marie estava dizendo, um novo slide apareceu na tela.

A Resposta de Redirecionamento

- Descreva o erro ou problema o mais rápido possível, de forma clara e sem culpar.
- Mostre seu impacto negativo.
- Se for o caso, responsabilize-se por não tornar a tarefa clara.
- Repasse a tarefa em detalhes e certifique-se de que foi claramente entendida.
- Expresse sua contínua confiança e segurança na pessoa.

Satisfeito por ter compreendido o poder da reação de Redirecionamento, Wes voltou toda sua atenção para a oradora. Anne Marie estava dizendo: — A quarta reação que as pessoas podem obter com seu desempenho é a Resposta Positiva. Os treinadores do SeaWorld podem dar às baleias um balde de peixes, acariciar sua barriga, dar-lhes brinquedos ou fazer uma pausa. No trabalho, a resposta pode ser elogiar ou oferecer uma oportunidade de aprendizado ou até mesmo uma promoção. Com as crianças, você as elogia, reforça com um abraço, deixa que assistam à TV ou dá a elas uma guloseima ou algo especial. Quando um bom desempenho é seguido por algo positivo, naturalmente as pessoas querem continuar com esse comportamento. A intenção do Redirecionamento é configurar uma Resposta Positiva.

— É importante enfatizar aqui que não se deve esperar pelo comportamento perfeito antes de responder positivamente. Caso contrário, você pode esperar para sempre.

Outro novo slide apareceu na tela.

Progressão de elogios.

É um alvo móvel.

— Isso é exatamente o que os treinadores do SeaWorld fazem — continuou Anne Marie. — Se eles querem ensinar uma baleia orca a, por meio de um sinal, saltar da água por cima de uma corda, como você acha que eles fazem isso? Você acha que eles vão para o oceano com um barco e um megafone e gritam "Salte! Salte!", até que alguma baleia salte sobre a corda estendida ao lado do barco? Isso seria a "contratação de um vencedor".

— Quando eles começam a treinar uma nova baleia, ela sabe saltar, mas não sabe nada sobre saltar sobre cordas. Então eles começam com a corda debaixo da água, acima do fundo o suficiente para que a baleia nade sobre ela. Se a baleia nada sob a corda, os treinadores não prestam atenção. Mas toda vez que ela nada sobre a corda, eles prestam atenção e a alimentam.

— Shamu não é idiota. Depois de um tempo, ele pensa consigo mesmo: *Hum, parece haver uma relação interessante acontecendo aqui entre esta corda e a comida.* Então ele começa a nadar mais sobre a corda. E o que você acha que os treinadores fazem? Eles começam a levantar a corda. Por que eles fazem isso? Não será um show muito empolgante se o treinador olhar para baixo na água e disser "Shamu fez de novo!", com as pessoas olhando em volta, imaginando onde está a baleia. Eles têm que tirar Shamu da água.

Wes riu com o resto do público.

— A questão aqui é que progredir fazendo algo melhor está constantemente sendo notado, reconhecido e recompensado. Precisamos fazer a mesma coisa com as pessoas: pegá-las fazendo coisas boas, mesmo que não exatamente da maneira certa, e elogiar o progresso. Dessa forma, você as prepara para o sucesso e vai prosseguindo.

Wes Kingsley tinha ouvido atentamente o discurso de Anne Marie. Motivado por seus comentários sobre elogiar o progresso, ele teve outro *flashback*. Desta vez, ele se lembrou da maneira como ele e sua esposa, Joy, quando jovens pais, ensinaram suas filhas a andar. Era muito divertido colocar uma das meninas em pé e observar seu deleite enquanto ela balançava insegura e caía para trás com uma risada encantadora. Era um jogo que eles estavam jogando, um jogo amoroso e sem regras.

Mas, ele reconheceu agora, *era, com certeza, um jogo com consequências.* Cada vez que uma das meninas se levantava, mamãe e papai riam e batiam palmas. Animada por um público tão grato, que criança não repetiria a performance?

Finalmente chegou o momento memorável em que a pequena, inesperadamente, deu um passo hesitante. Claro, ela sentava-se novamente, encantada com a explosão de aplausos que saudava sua conquista. Wes a agarrava e a abraçava com orgulho. "Você andou! Você andou!" — repetia ele. A memória o fez sorrir, e Wes pensou: *Eu estava elogiando o progresso, com certeza. Ainda bem que não castiguei as crianças quando elas não se levantaram e andaram perfeitamente da primeira vez. Teríamos adolescentes engatinhando pela casa.*

— Agora, deixe-me perguntar uma coisa — continuou Anne Marie. — O que vocês acham que é mais fácil: pegar as pessoas fazendo coisas erradas ou pegá-las fazendo as coisas certas?

A resposta do grupo foi unânime: Erradas!

— Vocês *acertaram*! Bom trabalho! — disse ela, e seu público percebeu que ela havia apenas acentuado o lado positivo deles de uma forma exagerada.

— Pegar pessoas fazendo coisas erradas é fácil — afirmou Anne Marie. — Tudo que você precisa fazer é esperar que elas façam besteira. Então você pode parecer inteligente apontando seus erros. Eu chamo isso de resposta TE Peguei. Muito simples. Na verdade, muitos chefes, como já sugerimos, são gerentes "gaivota". Eles deixam seu pessoal em paz até que façam algo errado. Então eles se precipitam, fazem muito barulho e pisam em todo mundo. É a velha abordagem de deixar em paz. — Wes e muitos outros na plateia se identificaram com esse tipo de tratamento.

— Pegar pessoas fazendo coisas *certas* é o que eu chamo, se me perdoam o trocadilho, de a Resposta BOM TRABALHO — disse Anne Marie, e as risadas por todo o salão mostraram que as pessoas apreciaram o trocadilho. — Essa resposta é muito mais difícil porque requer paciência e autocontrole. Especialmente se você tem ignorado o que as pessoas fazem certo e usa muitos TE Peguei, você deve aprender a observar o que elas estão fazendo de uma maneira totalmente nova. Você pode até ter que olhar deliberadamente além dos comportamentos indesejáveis que costumavam chamar toda a sua atenção. Em outras palavras, você precisa mudar o que está procurando. Sua busca por algo bem--feito pode exigir um esforço maior, mas tem a recompensa muito maior de gerar o tipo de comportamento que você deseja de seu pessoal no trabalho e de seus filhos.

— É bom manter o fluxo de respostas positivas interpondo pequenos tapinhas nas costas, como "Muito bem" e "Bom trabalho". Eu chamo essas respostas de *Mandou bem*. Mas a verdadeira Resposta BOM TRABALHO é mais que isso. Uma Resposta BOM TRABALHO genuína e completa inclui várias etapas...

Um novo slide apareceu:

A Resposta BOM TRABALHO

- Elogie as pessoas imediatamente.
- Seja específico sobre o que elas fizeram certo ou quase certo.

- Compartilhe sentimentos positivos sobre o que elas fizeram.
- Incentive-as a continuar o bom trabalho.

— Recentemente tive uma experiência interessante que ilustrará a Resposta BOM TRABALHO — disse Anne Marie. — Eu estava visitando um amigo, gerente regional de uma rede de varejo. Entramos em uma de suas lojas, a gerente nos cumprimentou, e ele disse: "Por que você não nos guia pela loja?" A gerente ficou assustada, até que meu amigo disse: "Mostre-nos todas as coisas boas que estão acontecendo por aqui." A gerente ficou encantada quando apresentou seu chefe aos funcionários de alto desempenho e mostrou a ele os resultados de seu bom trabalho. Foi a chance de aplaudir seu pessoal na mesma hora, na frente de seu chefe. Para mim, era óbvio que aquela experiência encorajaria todos a terem um nível elevado de desempenho. Mas, você pode perguntar, o gerente regional não estava interessado nas coisas que não estavam indo tão bem?

— Claro, mas ouça o que ele disse à gerente da loja após o *tour*: "Agora que vi tudo que está dando certo, você está enfrentando algum problema em que minha equipe e eu na sede podemos ajudá-la?" A gerente, percebendo que seu chefe não queria prejudicá-la, se dispôs a falar sobre as melhorias necessárias.

Sentado na plateia, Wes Kingsley sorriu ao lembrar de como Dave Yardley havia lhe contado como ele construiu confiança com as baleias usando uma abordagem sem danos.

— O que adoro naquele gerente regional — disse Anne Marie — é como ele enfatizou o positivo primeiro. Ele então permitiu que sua gerente falasse sobre coisas que não estavam indo bem nos termos *dela*.

Um novo slide apareceu, revisando as duas respostas que Anne Marie mencionou.

TE Peguei

Flagrar pessoas fazendo coisas erradas.

BOM TRABALHO!

Flagrar pessoas fazendo coisas corretas

— Se você cresceu ouvindo muitos TE Peguei, talvez tendesse a perpetuar isso com os outros. Mas se seu objetivo como gerente é melhorar o desempenho, é de vital importância que você comece a usar a Resposta BOM TRABALHO. Acho que pode começar a ver que muitos de nós geralmente fazemos as coisas exatamente ao contrário. Concentramos nossa atenção no desempenho insatisfatório, em vez de no bom desempenho. No processo, reforçamos o próprio comportamento que não queremos!

— A atenção é como a luz do sol para os humanos. Aquilo a que damos atenção cresce. O que ignoramos murcha. Vou apontar um paradoxo que é responsável pela maioria dos problemas que temos em todos nossos relacionamentos, seja com as pessoas que se reportam a nós no trabalho, nossos cônjuges ou nossos filhos. Pense nisto: quando você geralmente presta atenção nas pessoas? É quando elas estão fazendo coisas erradas, não é? E quando você dá pouca atenção a elas? Quando tudo está bem. Por exemplo, como pais, dizemos: "As crianças estão brincando bem juntas." Na verdade, elas estão sendo fabulosas. É hora de respirar um pouco, certo?

Anne Marie fez uma pausa e olhou para seus ouvintes. — *Errado!* Nesse momento, quando as coisas vão bem, perdemos uma grande oportunidade motivacional. Ficamos estáticos, inativos e não prestamos atenção nem nos comunicamos. Mas se você fosse dar sistematicamente às pessoas *feedback* positivo e específico depois de fazerem algo certo, você acha que obteria mais desse comportamento, ou menos?

— Mais — respondeu o público.

— É claro que sim. É por isso que precisamos acordar e fazer e dizer algo positivo e encorajador quando as pessoas estão superando as expectativas ou corrigindo erros que cometeram. Se eu fosse destacar uma única coisa para os gerentes, seria isto. — Anne Marie se virou e apontou para a tela acima enquanto exibia um novo slide.

**Acorde e diga
algo positivo
quando tudo
está indo *bem*!**

Wes Kingsley disse a si mesmo: "Ela está certa, eu preciso começar a fazer mais isso."

— Eu quero que vocês saibam — disse Anne Marie — que sei que mudar a sua atenção não é fácil, especialmente se você começou com o hábito TE Peguei de encontrar defeitos e criticar os outros. Você precisa de uma maneira de se lembrar de dar às pessoas algo como a Resposta BOM TRABALHO. Imagine, quando você está com seu pessoal ou sua família, que cada pessoa está usando uma grande placa onde está escrito: PEGUE-ME FAZENDO ALGO CERTO.

— Já vi a Resposta BOM TRABALHO funcionar tão bem no mundo dos negócios a ponto de transformar equipes e empresas. Eu encorajo cada um de vocês a começar a usar essa abordagem hoje, ou hoje à noite, quando forem para casa. Decida responder positivamente a todas as pessoas ao seu redor. Depois de iniciar essa jornada, e especialmente depois de alguns sucessos iniciais, você verá como ela energizará seus relacionamentos. E você estará animado para continuar.

Às vezes, é claro, você esquecerá e reagirá negativamente. Você terá um dia ruim, voltará para casa e perderá o controle com alguém. Mas se você fizer um esforço consciente para enfatizar o lado positivo em todos seus relacionamentos, no fim isso se tornará um hábito. E renderá de maneiras que você nem imagina.

Wes escreveu a frase *Enfatizar o positivo em meus relacionamentos* em seu caderno. Então ele a sublinhou.

— Devo mencionar que — continuou Anne Marie — aquela Resposta BOM TRABALHO provavelmente poupará você de muito sofrimento. Eu estava na fila de um balcão de passagens do aeroporto recentemente, e o cara à minha frente começou a agredir a atendente de todas as maneiras possíveis. Ele reclamou de suas reservas, gritou sobre o atraso e criticou a companhia aérea por ineficiência. Ele foi abertamente sarcástico e rude. Finalmente, quando a atendente o encaminhou ao portão e ele se afastou, foi a minha vez. Eu me aproximei e disse a ela: "Foi ótima a maneira como você lidou com aquele cara. Fiquei surpresa por você ter conseguido ficar tão calma e ter compostura!" "Obrigada", disse ela. "Agradeço o elogio. Quanto ao nosso amigo, o fato é que ele está indo para Chicago, mas suas malas estão indo para Seattle." — Quando as risadas diminuíram, Anne Marie acrescentou: — Então ela me deu um *upgrade* para a primeira classe.

— Quando você acentua o positivo, começa a prestar atenção ao que faz ou diz *após* as pessoas realizarem algo. Garanto que o desempenho delas melhorará, assim como seus relacionamentos. Lembre-se de que você está sempre reforçando *alguma coisa* mesmo quando não está fazendo nada. Portanto, pergunte-se sobre suas reações. Elas são Sem Resposta? Elas são Negativas? Elas são Redirecionamentos ou positivas, como a Resposta BOM TRABALHO? Quanto mais Respostas BOM TRABALHO você fizer, melhor.

— As pessoas me perguntam: "E quanto a comportamentos inaceitáveis ou baixo desempenho no trabalho? Como você lida com isso?" Eu geralmente recomendo a resposta de Redirecionamento. Mas se a pessoa está ciente e continua com um comportamento inaceitável, isso é um problema de atitude. Uma resposta de Redirecionamento terá pouco efeito, porque ela já sabe o que fazer. Ela precisa saber em termos inequívocos que o que está fazendo é inaceitável para você. Mas lembre-se, uma Resposta Negativa é um último recurso. Você conta às pessoas, imediata e especificamente, o que elas fizeram de inaceitável, incluindo o impacto negativo de suas ações e como você se sente a respeito: desapontado, confuso, frustrado. Mas como você não quer que o foco esteja nos seus sentimentos, sempre termine esse tipo de mensagem com uma afirmação da pessoa. Ela precisa saber que é o comportamento, não ela, que você considera inaceitável.

— Meu sentimento hoje — disse Anne Marie — é o de que as coisas estão mudando tão rápido e frequentemente, que poucas pessoas chegam a se tornar especialistas em seu trabalho. A maioria de nós aprende constantemente; portanto, se as pessoas cometem erros, o redirecionamento é mais apropriado do que uma resposta negativa, mesmo que termine com uma reafirmação.

— Você também deve se lembrar de que, sempre que critica o desempenho de alguém ou dá um *feedback* negativo, não importa o quão cuidadoso você seja, isso tende a prejudicar ou depreciar seu relacionamento com essa pessoa. Se você continuar assim, envenenará o relacionamento. Eles perderão a confiança e começarão a tentar se vingar de você. É aqui que ajuda pensar em um relacionamento como uma conta bancária. Se você der uma resposta negativa a alguém que conhece melhor, ajuda se tiver dinheiro nesse banco de relacionamento, isto é, se você já deu a essa pessoa diversas Respostas BOM TRABALHO. Então ele ou ela não se importará com a correção. Quando existe confiança, um erro pode até levar a um melhor desempenho. A Resposta BOM TRABALHO — acentuando o positivo — sempre cria um ciclo *construtivo*.

— Então agora, para que saibam o quanto eu aprecio a maneira como têm demonstrado o espírito da Resposta BOM TRABALHO comigo aqui nesta manhã, tenho um presente para cada um de vocês. — Anne Marie sinalizou para algumas pessoas que estavam no fundo do auditório com caixas nas mãos. Enquanto elas cruzavam os corredores, passando objetos para o público, ela continuou. — Quando você receber seu presente, terá o que meus amigos do SeaWorld e eu decidimos ser o símbolo oficial da Resposta BOM TRABALHO.

Houve muita comoção e comentários entusiasmados na multidão enquanto as pessoas recebiam e examinavam o presente. Era uma réplica lindamente modelada, em cores realistas, de uma baleia orca. Em sua barriga estava gravado o slogan BOM TRABALHO.

— Vocês podem usar esse presente para iniciar um movimento em sua organização — explicou Anne Marie. — Se pegarem alguém fazendo algo certo, deem a essa pessoa uma baleia orca e peça-lhe para passá-la para outra pessoa que esteja fazendo algo certo. Se precisar de mais baleias, me avise. Garanto que funcionarão literalmente como um feitiço.

A mistura de inspiração e conselhos práticos de Anne Marie obviamente atingiu o público. Quando ela terminou sua palestra, eles a saudaram, batendo palmas em pé. Conforme os aplausos diminuíram, os alto-falantes começaram a tocar uma música que parecia familiar para Wes. Muitas pessoas na multidão sorridente começaram a cantar junto.

You got to ac-cen-tuate the positive, e-lim-inate the negative,
Latch on to the affirmative...
["Você tem que acentuar o positivo, eliminar o negativo, agarrar-se ao afirmativo...", em tradução livre]

Capítulo Três

— É VOCÊ, WES? COMO VAI?

Wes se levantou de sua cadeira na cafeteria, onde ele estava esperando por Anne Marie. — Gostei da sua palestra — disse ele. — Obrigado por me convidar!

Eles se sentaram e pediram café. — Quer dizer então que você passou um tempo com meu amigo Dave Yardley no SeaWorld — Anne Marie disse. — Você conheceu o professor dele?

— Você quer dizer Shamu. Dave e seu professor foram muito bons para mim. Como você conheceu Dave?

Anne Marie sorriu e recostou-se na cadeira. Wes concluiu que ela raramente perdia uma oportunidade de contar uma história.

— Um dia — começou ela —, quando eu estava trabalhando com um grande cliente corporativo na Flórida, levei uma de minhas turmas para o SeaWorld e assistimos à apresentação de Shamu. Você chegou a ver?

— Sim — respondeu Wes.

— Não é maravilhoso? Essas baleias são magníficas. Elas me fizeram pensar. Sempre que entro em uma loja, restaurante ou local de trabalho e vejo vida, paixão e brilho naquele lugar, quero saber por quê. O que criou esse ótimo ambiente que deixa as pessoas genuinamente entusiasmadas com o trabalho que fazem? Quando fui ao show de Shamu e vi como os treinadores e as baleias pareciam estar se divertindo, e como essa alegria foi transferida para o público, eu queria descobrir seus segredos de gestão. Então, assim como você fez, abordei o treinador, nosso amigo Dave Yardley, e perguntei a ele sobre isso. Veja só, os princípios de treinamento que eles estavam usando com as baleias acabaram sendo os mesmos que eu estava ensinando para gerentes! Foi quando comecei a chamar o ato de pegar as pessoas fazendo as coisas certas de abordagem BOM TRABALHO.

— Sua palestra certamente está de acordo com o que aprendi durante meu dia no SeaWorld — disse Wes. — Dave me disse que a base de tudo o que eles fazem com os animais é o princípio *sem danos*, criando relacionamentos positivos e de confiança com eles. Obviamente, agir Sem Resposta ou usar uma Resposta Negativa pode ser prejudicial para o que eles estão tentando fazer com que as baleias realizem. Por outro lado, Respostas Positivas, e particularmente sua Resposta BOM TRABALHO, seria essencial. Mas o conceito que realmente me fascina é o Redirecionamento. É sobre isso que as pessoas perguntarão, por causa de suas preocupações sobre como lidar com o comportamento impróprio ou desempenho inaceitável.

— Você está certo — disse Anne Marie. — A Resposta de Redirecionamento é muito importante.

— Pelo que entendi — disse Wes —, se usada corretamente, pode levar a uma Resposta BOM TRABALHO se você pegar as pessoas corrigindo seus erros ou melhorando seu desempenho. Isso leva a mais relacionamentos de confiança.

— Você está absolutamente certo, Wes. Muitas pessoas não fazem essa conexão.

— Acho que estou interessado em tudo isso porque é uma espécie de réplica do meu passado, ou seja, aquilo que foi transmitido por meu pai, meus professores e de chefes que tive ao longo dos anos.

— Muita coisa do tipo "do meu jeito ou não tem jeito", não é?

— Exatamente — disse Wes. — Nunca me faltaram modelos para ser um gerente ou pai TE Peguei.

— Isso é uma coisa muito comum. É o efeito cascata de TE Peguei. O chefe grita com um de seus gerentes, esse gerente grita com um de seus subordinados, que vai para casa e grita com sua esposa, que grita com a criança, que chuta o gato.

— Sabe, Anne Marie — disse Wes pensativamente —, é realmente estranho. Toda essa ênfase no positivo parece ativar novos canais em minha massa cinzenta. Ambas as vezes, quando eu estava no SeaWorld com Dave, e ouvindo você hoje, comecei a me imaginar interagindo de forma diferente com as pessoas em minha vida. Eu pensei: "Por que *não* começar a acentuar o positivo? Essas pessoas têm feito as coisas certas ao meu redor há muito tempo, e simplesmente não dei valor. Eles merecem mais." Isso é um pensamento radical para mim. Eu acho que assim que as pessoas fizerem uma tarefa corretamente, devo dar-lhes uma Resposta BOM TRABALHO, certo?

— Não exatamente.

Wes parecia confuso.

— Estou apenas me opondo à sua palavra "corretamente" — disse Anne Marie. —Parece que você vai esperar até que eles façam algo *perfeitamente* certo. Lembra do que eu disse sobre como o pessoal do SeaWorld treina as baleias para saltarem da água?

— Eles recompensam o progresso, qualquer movimento na direção desejada.

— Exatamente! Siga a mesma regra.

— Isso faz sentido — disse Wes. — Mas às vezes não lhe perguntam se a Resposta BOM TRABALHO não é manipulação? Eu entendo por que as baleias recebem uma recompensa quando fazem algo que o treinador quer que elas façam, mas acho que me oponho ao conceito de que o comportamento humano é administrado apenas por recompensas e reconhecimento. As pessoas não são baleias. Elas têm ideias próprias e não fazem coisas que os outros querem ou precisam clonar apenas porque esperam ser recompensadas. Elas as praticam porque pensam que são as coisas certas para fazer.

Anne Marie concordou. — Estou muito feliz por você ter tocado nesse assunto. Existem dois pontos sobre manipulação. Primeiro, as únicas pessoas que não precisam ser motivadas por outras pessoas são empreendedores, pessoas que têm seus próprios negócios ou são empresários individuais trabalhando por conta própria. Eles são automotivados e seus objetivos estão alinhados com os objetivos organizacionais. Na verdade, seus objetivos pessoais e organizacionais geralmente são os mesmos. Todos os demais funcionários, crianças, ou as baleias no SeaWorld são solicitados a fazer coisas que a organização precisa que façam, mas que podem não decidir fazer por conta própria.

— Como minhas filhas tendo que manter seus quartos limpos — Wes disse com um sorriso.

— Exatamente — disse Anne Marie. — Então, descobrir o que motiva as pessoas é importante. O segundo ponto: você não quer que as pessoas se tornem dependentes de seus comentários e percepções, fazendo bem as coisas só quando você está por perto. O objetivo do bom gerenciamento é influenciar as pessoas a fazerem a coisa certa quando você *não* está por perto. Nenhum gerente deseja que seu pessoal tenha um bom desempenho só porque está procurando elogios ou aumento de salário. Nem queremos que nossos filhos esperem por um biscoito toda vez que se comportarem bem ou realizarem tarefas domésticas. Em vez de criar dependência de outras pessoas para obter uma recompensa, você deseja que as pessoas façam a coisa certa porque elas gostam disso. Como aquelas baleias orca que você viu no show de Shamu, se divertindo tanto se apresentando para a multidão. O objetivo final da Resposta BOM TRABALHO é ajudar as pessoas a se tornarem automotivadas.

— Você quer dizer que as Respostas BOM TRABALHO vêm de dentro delas mesmas?

— Isso. Você quer que as pessoas comecem a *se* surpreender fazendo as coisas certas e ajam de acordo.

— Como você faz isso?

— Existem algumas maneiras. Depois de dar várias Respostas BOM TRABALHO, você começa a fazer comentários como: "Aposto que foi bom quando você terminou o projeto antes do prazo" ou "Você deve estar orgulhoso do que fez nesse relatório". Ou, quando você sabe que eles devem estar se sentindo bem com seu desempenho, você pode dizer: "Diga-me como está se sentindo", ou "Como é ter feito um trabalho tão bom?" Então, ouça de verdade e reforce seu orgulho e sentimento de realização.

— Entendi — disse Wes, acenando com a cabeça em compreensão. — Portanto, mesmo a Resposta BOM TRABALHO não é um fim em si mesma. É uma preparação para o objetivo final de ajudar as pessoas a fazerem as coisas certas.

— Bingo!

— Isso é fantástico. A propósito, Anne Marie, quem te ensinou a acentuar o positivo?

— Meu pai — ela respondeu. — Ele era um militar da marinha e me disse quando eu ainda era bem pequena: "É ótimo ter uma posição de poder, mas não a use. A única maneira de realmente fazer com que as pessoas façam o que você deseja é desenvolver um relacionamento positivo e de confiança com elas. Seja positivo com as pessoas e você obterá resultados positivos." — Ela olhou para o relógio. — Eu tenho que pegar um táxi para o aeroporto. Farei uma palestra em Chicago amanhã e prometi jantar hoje à noite com os organizadores da conferência.

— Deixe-me levá-la — insistiu Wes, aproveitando a oportunidade para passar mais tempo com sua nova mentora.

Wes pagou a conta, e eles deixaram a cafeteria, atravessando o saguão até a entrada do hotel, onde esperaram pelo carro de Wes. Uma vez que estavam a caminho do aeroporto, Anne Marie disse: — Vejo que você está decidido a voltar para casa e começar a pegar pessoas fazendo as coisas certas. Mas também gostaria que você pensasse em usar a Resposta BOM TRABALHO como uma estratégia na sua empresa. Quando os gerentes levam esse conceito a sério e o colocam em prática, descobrem que os resultados financeiros das organizações são diretamente afetados.

— Como assim? — perguntou Wes.

— Qualquer nova melhoria de negócios hoje, seja uma tecnologia ou uma inovação de serviço ou uma estratégia de preços, torna-se instantaneamente conhecida e copiada pela concorrência. Isso significa que sua única vantagem competitiva real é o relacionamento com seu pessoal. Se eles confiarem e respeitarem você e acreditarem em seus objetivos, desejarão agradar seus clientes. Quando isso acontece, desde que você tenha outros fatores, como qualidade do produto, preço e marketing e entrega em vigor, ninguém pode vencê-lo. *A única coisa que seus concorrentes nunca poderão roubar de você é o relacionamento que você tem com seu pessoal e o relacionamento que eles têm com seus clientes.*

— Em sua palestra esta manhã — disse Wes —, fiquei impressionado com seu ponto de que estamos *sempre* reforçando algo por nossa resposta ao comportamento dos outros. Nunca percebi que tenho um impacto no desempenho das pessoas, mesmo quando as estou ignorando. Agora que reconheço o poder da Resposta BOM TRABALHO, estou planejando fazer disso minha prioridade na construção de relacionamentos de confiança e motivar meu pessoal.

— Porém, lembre-se — advertiu Anne Marie — de que as pessoas são motivadas por coisas diferentes. Os treinadores do SeaWorld aprenderam que, exceto pela comida, o que funciona com um animal pode não funcionar com outro. Isso os fez começar a observar as baleias de perto para saber do que cada uma gostava ou não gostava. Uma Resposta BOM TRABALHO é um bom começo, mas depois de um tempo, pode tornar-se vazia. Saber as coisas específicas que motivam e compelem cada pessoa ajuda a adicionar força à sua motivação.

— E observar as pessoas é a melhor maneira de descobrir o que as motiva? — perguntou Wes.

— É uma maneira. Como mencionei, uma das grandes vantagens que temos com as pessoas é que podemos falar com elas.

— Em outras palavras, eu deveria *perguntar* a meu pessoal o que os motiva?

— Sim. Diga a eles: "Eu sei que vocês têm feito um bom trabalho nesse problema de estoque. Qual é a melhor maneira de reconhecer seus esforços, no curto e longo prazo?"

— O que você quer dizer com curto prazo e longo prazo? — perguntou Wes.

— Curto prazo tem a ver com o que motivaria aquela pessoa no dia a dia. Longo prazo tem a ver com o reconhecimento apropriado para um determinado período de desempenho: mensal, trimestral, anualmente etc. Mas o importante a lembrar, esteja você falando de curto ou longo prazo, é não *presumir* que você sabe o que motiva essa pessoa.

— Pode dar algum exemplo?

— Claro. Suponha que você esteja satisfeito com o desempenho de alguém e diga: "Em reconhecimento ao ótimo trabalho que você tem feito com o relacionamento com o cliente, estou lhe dando mais responsabilidade." No entanto, neste caso, a pessoa teve alguns problemas de saúde na família e precisaria de algum dinheiro extra.

— Então, você pode dizer a alguém que precisa de uma grande Resposta BOM TRABALHO: "Estou tão satisfeito com o seu trabalho, negociei um belo aumento para você." Mas, neste caso, a pessoa não tem necessidades financeiras urgentes e pode estar dizendo a si mesma: "O que eu realmente gostaria é de ter mais responsabilidade por aqui." Então o que você fez? Você deu um aumento a alguém que gostaria de mais responsabilidade e mais responsabilidade para alguém que precisa de um aumento.

— Então a regra é...

**Nunca presuma que você sabe
o que motiva uma pessoa.**

— É por isso que perguntar nunca é demais — disse Anne Marie.

Enquanto seguiam pela rodovia, os dois ficaram em silêncio por alguns momentos. Então Wes quebrou esse silêncio. — Corrija-me se eu estiver errado, mas você não deve dar uma Resposta BOM TRABALHO mecanicamente. Se você está apenas cumprindo os requisitos "Ah, bom trabalho, Herb, continue o bom trabalho", e assim por diante, as pessoas saberão que você realmente não quis dizer isso.

— Eu concordo. Dave aprendeu isso com as baleias orca. Ele descobriu que, se você não for sincero com uma baleia, o animal saberá. Você não pode enganar baleias orca. Elas sentem a falta de sinceridade em suas mãos quando você as acaricia. Quando o animal sabe que você não está interessado, ele não vai querer trabalhar com você. Ele vai nadar para longe.

— Na minha empresa — disse Wes —, a falta de sinceridade às vezes é chamada de cortina de fumaça ou bajulação. As pessoas conseguem ver além dos falsos elogios. Isso as torna desconfiadas, e eles "nadarão para longe" com pressa.

— Dessa forma, muitos gerentes geram mediocridade — disse Anne Marie. — A única vez em que eles prestam atenção no que alguém faz é quando essa pessoa *não* está desempenhando em determinado nível. Assim, quando os gerentes repentinamente usam elogios, incentivos ou recompensas, isso não soa verdadeiro. A pessoa pensa: "O que meu chefe está fazendo agora?" Parece manipulação.

Wes franziu a testa. — Francamente, isso me preocupa. Eu tenho uma história de TE Peguei com meu pessoal. O que acontece se eu pular de linha e começar a acentuar o positivo ou mudar meu *feedback* negativo para redirecionamento? Eles não verão como algo falso?

Anne Marie confirmou. — Minha regra sobre isso é...

**A Resposta BOM TRABALHO só funciona
quando você é sincero e honesto.**

— Se você suspeita que seu pessoal achará que suas respostas positivas são falsas — disse Anne Marie —, reserve um tempo para provar o contrário. Antecipe a reação de sua equipe e seja honesto com eles. Admita que você foi muito negativo e que deseja mudar isso. Compartilhe o método BOM TRABALHO com eles e peça sua ajuda.

Eles chegaram ao terminal e estavam subindo a rampa dos voos de partida, quando Anne Marie deu seu último conselho. — Temos muitos dados sobre o fracasso do TE Peguei em produzir os resultados que desejamos, tanto em termos de produtividade quanto de satisfação humana. O que eu gostaria de ver é muitos gerentes usando a Resposta BOM TRABALHO de uma forma deliberada e sistemática. Não tenha medo de envolver seu pessoal. E lembre-se, flagre *você mesmo* fazendo as coisas certas. Elogie seu próprio progresso. E seja paciente! Quando algo vale a pena ser feito, continue fazendo.

— Deseje-me sorte — disse Wes quando eles pararam em frente à entrada do terminal.

— Você vai se sair bem — Anne Marie apertou a mão de Wes calorosamente. Alcançando sua mala de viagem, ela entregou a Wes algumas folhas de papel impressas. — Estávamos falando sobre sinceridade e como ela é importante no trato com as pessoas. Mas às vezes é difícil saber o que dizer. Aqui estão alguns exemplos que podem ajudá-lo a começar. — Ela entregou a Wes seu cartão de visita. — Vamos manter contato. Mantenha-me informada sobre como está indo.

Wes teve a nítida impressão de que ela falava sério, que seu apoio a ele seria ativo e contínuo. Ele olhou para os papéis que ela lhe dera.

Algumas respostas do tipo "BOM TRABALHO"

No trabalho

- **Para um gerente:** Quando você contribuiu com sua parte na reunião, foi um destaque. Sua introdução foi feita para chamar a atenção, e vi o rosto da Sra. Fulana iluminar-se quando você fez suas observações sobre X e Y. O que você fez naquele curto período realmente ajudou a garantir a confiança desse cliente. Isso fez com que todos parecêssemos bem! Obrigado. Continue com seu bom trabalho.

- **Para uma equipe de trabalho:** Esta equipe está arrebentando, trabalhando juntos e assumindo responsabilidades.

Ao assumir a liderança, todos vocês me ajudaram a passar para a função de coordenador, em vez de chefe. Eu gosto muito mais. Vamos continuar trabalhando bem em equipe.

- **Para um colaborador:** Gostei da maneira como você criou essas categorias para os números em seu relatório. Tornou muito mais fácil ler os resultados. Recomendarei que todos nós usemos seu sistema de agora em diante. Procurarei você no futuro em busca de mais boas ideias.

Em casa

- **Para seu filho adolescente:** Me senti realmente bem quando cheguei em casa e vi que você limpou a garagem. Achei que teria que fazer isso neste sábado, mas agora que está feito, posso relaxar e fazer outras coisas. É um verdadeiro alívio para mim. Agradeço muito.

- **Para uma criança no primeiro ano do ensino fundamental:** Você tem se levantado quando chamo você pela primeira vez de manhã. Você sabe o quanto isso nos ajuda, quando estamos todos correndo e nos preparando para começar o dia? Muito!

- **Para uma pré-adolescente de 12 anos:** Eu gosto das conversas que temos enquanto estamos a caminho das suas aulas e dos esportes. É divertido ouvir o que está acontecendo com você e seus amigos. Fico grato. Espero que possamos continuar com isso quando você crescer mais.

- **Para uma criança em idade pré-escolar:** Você amarrou seus próprios sapatos e escolheu suas roupas sem qualquer ajuda. Maravilhoso! Continue com o bom trabalho. Tenho orgulho de você.

Algumas respostas de redirecionamento

No trabalho

- Bill, sei que você está tendo problemas com nosso novo sistema de contabilidade, então estou pedindo a Bete para ajudá-lo. (Posteriormente) Muito bem, Bill. O relatório que você entregou mostra que está se familiarizando com o novo sistema. Em caso de dúvidas, não hesite em entrar em contato comigo.

- Queremos ter certeza de que os talentos de todos são usados ao máximo neste projeto, Alison. É por isso que estou designando você para o time do Jorge; eles podem utilizar todas as suas habilidades lá. (Posteriormente) Parabéns, Alison! Eu sabia que você era a pessoa certa para trabalhar com a equipe do Jorge. Estou recebendo ótimas notícias sobre o seu trabalho.

Em casa

[O jovem não tem feito um bom trabalho alimentando os animais.]

- Em vez de alimentar os bichos, agora você vai passar o aspirador. Eu sei que você gosta de fazer isso e precisamos que seja feito. (Posteriormente) A casa parece mais limpa desde que você assumiu a tarefa de passar o aspirador de pó!

[As crianças estão brigando por causa da televisão.]

- Precisamos desenvolver uma forma de assistir TV e ficarmos todos felizes. (Posteriormente) Estou muito orgulhoso da maneira como vocês dois têm seguido o plano de assistir TV que você elaborou quando nos sentamos na cozinha outro dia.

Wes Kingsley enfiou as listas de Anne Marie em sua pasta, junto com suas anotações da palestra. Pode ter sido uma coincidência ele ter conhecido Dave Yardley e Anne Marie Butler, mas não foi por acaso que ele estava começando a se sentir muito mais autoconfiante sobre suas habilidades como gerente.

Capítulo Quatro

No primeiro dia de volta ao trabalho depois de se encontrar com Anne Marie Butler, Wes teve a oportunidade inesperada de usar uma Resposta BOM TRABALHO. Ele passou a manhã reunindo informações sobre qualquer coisa positiva que havia acontecido desde sua viagem à Flórida, e à tarde, ele as colocou em prática com Merideth Smalley, a líder de uma de suas equipes de contabilidade.

Wes e Merideth se evitavam havia quase um ano, desde que ela achou que Wes havia insinuado em uma reunião que seu grupo era responsável por um prazo perdido. O relacionamento tenso deles piorou quando Wes, que jogou no time de softball que Merideth comandou no piquenique da empresa, fez uma jogada dupla e perdeu um jogo importante. Nenhum dos incidentes agradou Merideth, que era uma entusiasta dos esportes e muito competitiva.

Caminhando pelo corredor, Wes avistou Merideth vindo em sua direção. Ela o viu e tentou passar correndo, mas Wes a impediu. — Com licença, Merideth. Eu preciso de um momento de seu tempo.

Olhando para o relógio, Merideth murmurou: "Um momento é mais ou menos o que eu tenho."

Wes deliberadamente não se apressou. Sua voz estava relaxada e amigável quando ele disse: — Estou muito impressionado com a maneira como você tem lidado com nossos fornecedores.

— Sério? — Ainda evitando seus olhos, Merideth mostrou desconfiança no seu tom de voz.

— Eu discuti com algumas dessas pessoas sobre pedidos atrasados — disse Wes — e, francamente, não tive muito sucesso. Mas de alguma forma, você conseguiu. Um bom exemplo: acabei de receber um pedido da Lukas Embalagens, o primeiro que recebemos no prazo, em muito tempo! Fiquei tão impressionado, que liguei para o rapaz para dizer a ele que gostei. Adivinha a quem ele deu o crédito?

O rosto de Merideth se abriu em um sorriso que ela não conseguiu esconder. Ela claramente não estava acostumada a receber elogios, mas não havia como negar os fatos e a sinceridade de Wes. — Você falou com John? — perguntou ela animadamente. — Ele é o mais agressivo. Acabei de falar francamente com ele. Eu disse: "Veja. Temos revendedores que nos fornecem suprimentos dentro do prazo de forma consistente e agradecemos fazendo mais negócios com eles. E você, o que acha?" Ele não sabia o que dizer... — Merideth de repente estava agindo como se tivesse o dia todo para conversar

— Deixe-me ver — interrompeu Wes. — June e Edmundo também têm discutido com esse fornecedor. Eles precisam de treinamento. Você estaria disposta a trabalhar com eles? Eles podem aprender muito com você.

— Claro — disse Merideth animadamente. — Sem problema.

De volta ao seu escritório, Wes se sentou e analisou a interação com Merideth. O que realmente aconteceu naqueles poucos minutos? Tudo foi tão rápido, que ele não queria presumir muito.

Definitivamente, houve uma mudança na atitude de Merideth e em sua vontade de cooperar com sua solicitação. Ela foi sincera? Ele sentiu como se um peso estivesse sendo tirado de seus ombros, mas não sabia como lidar com isso. Tudo parecia muito fácil. *Ok*, ele pensou, *isso correu muito bem. Mas tenho minhas dúvidas sobre a reunião de amanhã.*

Wes convocou uma reunião com seus seis principais gerentes para a manhã seguinte. Ele pensou em resolver algumas pendências e dar algumas notícias primeiro. Mas quando ele pensou no que viria a seguir na agenda, se sentiu desconfortável.

Quando chegou a hora da reunião daquela manhã, Wes ficou em seu escritório. Ele revisou diversas vezes as notas de sua viagem ao SeaWorld e da palestra de Anne Marie Butler. Como seus gerentes reagiriam quando ele compartilhasse o que havia aprendido? Ele se lembrou particularmente do que Anne Marie dissera a ele no caminho para o aeroporto: "Antecipe a reação de sua equipe e seja honesto com eles. Admita que você foi muito negativo e que deseja mudar isso. Compartilhe o método BOM TRABALHO com eles e peça a ajuda deles.

Espero que funcione, Wes pensou consigo mesmo enquanto fechava seu bloco de notas. *Se isso acontecer, devo tudo a você, Shamu.*

Como de costume, os gerentes de Wes pararam de falar quando ele entrou na sala e se sentou. Essa formalidade, o distanciamento geral de sua equipe, era algo que Wes lamentava. Tinha sido assim desde que fora promovido no lugar de Harvey Meehan. Como sempre, os olhos de Harvey evitavam os dele. Ele começou a reunião, e logo todos os itens preliminares foram resolvidos.

Wes fez uma pausa e olhou ao redor da sala. Então ele limpou a garganta e começou a falar.

— Tenho algo a dizer que é difícil para mim. Tenho tornado as coisas difíceis para vocês por aqui. Eu tenho pulado em cima de vocês quando cometem até o menor erro, e os ignoro completamente quando estão fazendo um trabalho excelente. Simplesmente não demonstrei nenhum apreço por seus esforços. Isso vai mudar. Algo aconteceu comigo na minha recente viagem, e espero fazer diferente na maneira como reajo ao seu trabalho. — Então Wes começou a contar ao grupo sobre sua viagem ao SeaWorld, seu encontro com Dave Yardley e seu tempo com Anne Marie Butler. Enquanto falava, percebeu que as pessoas ouviam com atenção. As coisas pareciam estar indo bem, até que, na metade de sua conversa, ele viu Harvey Meehan olhando para seu amigo Gus Sulermo e revirando os olhos. Wes entendeu o que aquilo significava. Harvey resistia a ele desde a promoção.

Apesar de saber que a crítica não verbal de Harvey era visível para os outros, Wes continuou. — Eu entendi a diferença positiva que faz em sua motivação quando as pessoas são apreciadas pelo que fazem certo. — Depois de explicar a diferença entre uma Resposta BOM TRABALHO e uma Resposta TE Peguei, ele confessou: — Acho que todos concordarão que tenho sido um tipo de gerente bastante recorrente no TE Peguei. Eu quero começar a ser um gerente BOM TRABALHO. O problema é que isso exige uma reversão completa dos meus padrões de comportamento com todos vocês. Estou ciente o suficiente para saber que, sem alguma ajuda, posso falhar completamente na tentativa de desfazer meus velhos hábitos. Então estou pedindo sua ajuda.

Houve uma longa pausa. As pessoas ao redor da mesa se entreolharam com incerteza.

— Eu te ajudarei agora mesmo — disse uma voz. Era Merideth. Considerando sua história passada com Wes, todos esperavam que ela o criticasse. Wes se preparou para o pior.

— Como muitos de vocês sabem — Merideth começou —, o Sr. Kingsley e eu não temos sido os melhores amigos. Se pudesse escolher, eu o evitaria. Mas ontem ele me parou no corredor e insistiu em conversar comigo. Eu estava hesitante no início, esperando que ele tivesse encontrado algo de ruim para apontar. Em vez disso, descobri que Wes estava se esforçando para me elogiar pelo meu trabalho. Eu sabia que ele era sincero porque havia feito seu dever de casa e mencionou alguns comentários positivos que recebi de um de nossos fornecedores. Isso me fez sentir bem.

Virando-se para Wes, Merideth continuou — Todos nós trabalhamos demais por aqui, e não fazemos isso apenas por reconhecimento. Mas tenho que admitir que ser notado significa muito. O reconhecimento que você me deu ontem começou a mudar minha atitude em relação a você, e ao meu trabalho. Agora que vejo você estendendo a mão a todos nós, quero ser tão útil quanto puder.

Wes olhou ao redor da sala. Harvey continuou a revirar os olhos cinicamente para Gus, e Wes podia dizer que a maioria dos outros no grupo ainda não estava convencida. — Obrigado, Merideth — falou ele. — Eu tenho uma maneira de todos vocês me ajudarem a fazer essa mudança. Quero que cada um de vocês me diga como posso reconhecer e responder ao seu bom desempenho da maneira mais significativa e gratificante para você.

Após um constrangedor momento de silêncio, Chuck Wilkins disse: — Vou tentar. Quando minha mãe estava morrendo de câncer, as pessoas da casa de repouso foram fabulosas conosco, e pensei em fazer um trabalho voluntário lá. Meus filhos praticam esportes, então meus fins de semana são cheios. Se eu pudesse passar uma ou duas horas em dias de semana ocasionais no Hospice Center, quando meu trabalho estiver terminado..."

— Acho que podemos resolver isso, Chuck — disse Wes. — Obrigado.

Dois outros ofereceram ideias, mas todos os outros permaneceram impassíveis, e à medida que a reunião chegava ao fim, Wes percebeu que nem todos o estavam levando a sério. — Sem dúvida, alguns de vocês estão encarando com desconfiança essa minha conversa — ele disse. — Conhecendo meu histórico, eu não os culpo. Vocês, duvidosos, podem ser meus treinadores. Sempre que vocês me pegarem voltando ao meu velho hábito TE Peguei de acentuar o negativo, eu quero que me apontem isso.

Todos saíram da sala sem parar para conversar, mas Wes sabia que haveria muita discussão em torno do bebedouro e no estacionamento. Quando voltou ao escritório, encontrou o cartão de Anne Marie Butler e ligou para ela. Incrivelmente, ela atendeu. — Anne Marie? Olá. É tão bom ouvir sua voz! É Wes Kingsley. Como está?

A forte energia de Anne Marie veio como um foguete pelo receptor. — Wes! Que bom que ligou. Como tem passado?

Wes contou a ela sobre sua experiência com Merideth e o que ele dissera na reunião. — Todos pareciam estar ouvindo, mas acho que a maioria deles está preferindo esperar para ver.

— Tudo bem, Wes — disse Anne Marie de forma tranquilizadora. — Você começou bem.

— Obrigado. Ainda estou me sentindo um pouco cético, e o seu incentivo ajuda muito. A propósito, quero encomendar uma caixa daquelas baleias de brinquedo que distribuiu durante sua palestra. Eu gostaria de usá-las com meu pessoal no trabalho e com minhas filhas.

Ele deu a Anne Marie seu endereço, e ela disse: — Tudo bem, Wes, você está pronto para decolar. Certifique-se de me ligar de vez em quando para me contar seu progresso. E divirta-se muito pegando pessoas fazendo as coisas certas.

Quando Wes retornou de sua viagem à Flórida, ele tentou compartilhar com sua esposa, Joy, o que aprendera com Dave Yardley e Anne Marie Butler. Mas ela claramente não estava pronta para ouvir. Recentemente, houvera muita tensão no relacionamento deles, e Wes percebeu que há algum tempo Joy vinha enfatizando o negativo, buscando pegá-lo fazendo coisas erradas. Sempre que ele chegava tarde em casa, ela descarregava em cima dele. Não foi muito divertido. Então, em vez de empurrar seu novo conhecimento sobre ela, Wes decidiu usar a técnica BOM TRABALHO primeiro no escritório.

Mas uma noite, quando voltou do trabalho, encontrou uma oportunidade inesperada de abordar o assunto novamente. Wes entrou em casa e ouviu Joy discutindo com Allie, sua filha de 14 anos. — Estou cansada disso! — Joy estava gritando. — Todos os dias, chego em casa exausta do trabalho e esta cozinha está um chiqueiro. Você e seus amigos nunca guardam nada depois de comerem. Se eu tiver que arrumar este lugar antes de poder fazer o jantar mais uma noite, mocinha, você vai acabar passando fome!

Allie fugiu escada acima com um olhar ferido. E quando Joy viu Wes, ela estava com tanta raiva de Allie, que não se voltou para ele. Na verdade, ela veio em sua direção e começou a chorar. Wes a tomou nos braços e a segurou até que ela se acalmasse. Então ele disse: — Eu sei que tem sido muito difícil por aqui ultimamente. Allie, tem sido difícil comigo também. As meninas estão brigando muito, e você e eu sempre parecemos irritar um ao outro. Acho que é hora de tirarmos um longo fim de semana e irmos para a Flórida.

— Flórida! O que tem lá?

— Baleias orca — disse Wes com um sorriso.

Alguns fins de semana depois, Wes e sua família voaram para o sul, para Orlando. Desde a explosão da mãe, o humor de Allie estava sombrio em casa. Enquanto sua irmã mais nova, Meg, brincava e tagarelava no seu lugar ao lado dela, Allie permanecia desanimada olhando pela janela. Finalmente ela disse: — Estas férias são um saco. Mamãe provavelmente não me deixará ir a lugar nenhum ou fazer qualquer coisa divertida.

Meg tentou animá-la. — Papai disse que o show das baleias é legal!

— Grande coisa — murmurou Allie, revirando os olhos. — Já vi aquários antes. Esta viagem inteira é *tão* sem graça!

Apesar da atitude negativa de Allie, a família ficou em êxtase quando viu o show das baleias do SeaWorld. Antes de o show começar, Allie se sentou de qualquer jeito, carrancuda, mas toda a sua postura mudou conforme as baleias gigantes começaram seus passos. No final da apresentação, ela admitiu que tinha sido "muito maneiro".

Depois de deixar o estádio, Wes levou Joy e as meninas para os bastidores, usando o passe especial que Dave Yardley havia deixado para eles no portão. Quando Wes e Dave se viram, eles apertaram as mãos calorosamente, e após as apresentações, Dave os conduziu a uma piscina de treinamento. Uma jovem treinadora em um traje de mergulho preto estava ajoelhada na beira da piscina, esfregando as costas de uma das baleias.

— Esta é Pam Driscoll — disse Dave. Pam fez um sinal com a mão, o enorme animal se virou lentamente, e ela começou a esfregar sua barriga branca.

— Uau! — exclamou Allie. — Eu faço isso com o nosso cachorro em casa. Ele é seu animal de estimação?

— Não exatamente. — Pam respondeu. — Ele é meu amigo. Amamos conviver uns com os outros.

— Como você faz com que ele faça o que você quer? — perguntou Joy. — Eu não imagino que ele se intimidaria por ameaças ou punições.

— Você tem razão — disse Dave. — As baleias orca podem "tirar" qualquer outro animal no oceano. Às vezes, usamos essas informações quando estamos trabalhando com treinadores de cães. Alguns deles repreendem e gritam com seus animais. Eles usam correntes de estrangulamento e às vezes batem neles. Quando eles falam sobre esse tipo de tratamento, eu pergunto: "Se seu cachorro pesasse cinco toneladas, como Shamu, a baleia, como você o trataria? Você usaria uma coleira de estrangulamento ou daria um tapa nele? *Acho* que não."

— Nem pensar! — Allie concordou.

— Se você não desenvolver um relacionamento amigável com essas baleias e mostrar uma atitude negativa em relação a elas — disse Dave —, elas demonstrarão imediatamente que não gostaram.

— Como você evita essa reação? — Joy perguntou.

— Em vez de nos concentrarmos no que é negativo, no que elas fazem de errado, prestamos atenção ao que elas fazem certo — Dave respondeu. — Nós sempre tentamos pegar as baleias fazendo as coisas certas.

Vendo uma oportunidade, Allie acrescentou — Eu gostaria que minha mãe e meu pai pegassem Meg e eu fazendo as coisas direito, em vez de sempre ficar no nosso pé!

Envergonhado com o comentário da filha, Wes começou a responder bruscamente, mas segurou a língua. Virando-se para Dave, ele disse — Eu estava me perguntando se você teria tempo para compartilhar mais algumas de suas técnicas de treinamento com Joy e comigo.

Dave concordou prontamente. Percebendo que Meg e Allie queriam ver mais do SeaWorld, Pam se ofereceu para mostrar o lugar a elas.

No caminho de volta para o escritório, Wes contou a Dave sobre seu encontro com Anne Marie Butler e algumas das mudanças que ele estava tentando fazer em seus relacionamentos no trabalho. Então ele disse. — Nesta viagem, espero que Joy e eu possamos trazer algumas ideias das baleias que nos ajudem a melhorar nosso relacionamento com nossas filhas. Agora que Allie é uma adolescente, precisamos de toda ajuda possível.

Eles entraram em uma sala de treinamento fora do escritório. — É aqui que realizamos seminários e sessões de *briefing* para nossa equipe e visitantes — Dave explicou.

Enquanto se sentavam em cadeiras confortáveis, Joy disse: — Não quero mudar de assunto, Dave, mas quando Wes diz *nós*, ele realmente não está se incluindo muito seriamente no dilema da parentalidade.

— Por quê?

— Porque ele nunca está em casa. Nós dois trabalhamos, mas ele costuma ficar até tarde no escritório. Dou aulas em meio período, então geralmente estou lá quando as crianças chegam em casa. Noventa e nove por cento da responsabilidade de criar as meninas recai sobre mim. Sou eu que tenho que lidar com os detalhes das tarefas domésticas, os deveres de casa das meninas e mediar suas discussões.

Wes estava envergonhado. Ele não conseguia acreditar que Joy estava falando sobre isso na frente de Dave.

Sentindo o desconforto de Wes, Dave disse: — Não quero me envolver em uma cena doméstica, Joy, mas me parece que você acha que Wes não está em casa o suficiente.

— Você *acertou*!

— Se importa se eu te perguntar uma coisa? O que você faz quando ele finalmente volta para casa?

— O que você quer dizer com isso?

— Por acaso você aproveita a oportunidade para atormentá-lo por não ter chegado em casa antes?

— Você acertou de novo! — Wes desabafou em sua própria defesa.

— Tudo bem — disse Dave. — Vamos investigar esse problema do ponto de vista de um treinador de baleias orca. Já descobrimos que elogiar funciona melhor do que culpar para fazer os animais fazerem o que queremos.

Joy parecia indignada. — Você está sugerindo que eu elogie Wes e faça um alvoroço quando ele finalmente voltar para casa?

— Nosso sucesso com as baleias acontece aos poucos — explicou Dave. — Não podemos esperar até que elas se comportem exatamente como queremos antes de elogiá-las.

— Sempre elogie o progresso. É um alvo móvel. — Wes entrou na conversa, lembrando-se de uma frase de seu caderno. Então ele disse a Joy: — Sinto muito ter que dizer isso, mas sempre que eu saio do trabalho, é como ir da frigideira para o forno. Se você fizesse o que Dave sugeriu, eu ficaria motivado a encontrar maneiras de sair do trabalho mais cedo e voltar para casa mais cedo.

— Mesmo? — O tom de Joy era pensativo.

— Não desanime, Joy — disse Dave. — Parece que TE Peguei vem mais facilmente para a maioria de nós do que BOM TRABALHO.

Enquanto isso, Pam estava mostrando os animais a Allie e Meg e conversando com elas sobre o método BOM TRABALHO de treinamento. Depois de visitarem os golfinhos saltando e brincando na piscina e retornarem para se juntar aos pais, Pam perguntou: — Então, o que vocês aprenderam hoje?

— Sempre seja legal com os animais — disse Meg —, especialmente quando eles estão sendo bons.

— Ótimo! E quando eles não se comportam tão bem?

— Eu sei que você disse que deveríamos ignorar esse comportamento — disse Allie, obviamente confusa.

— Certo — disse Pam. — Se você prestar atenção quando eles são travessos, eles continuarão se comportando mal porque gostam da atenção.

— Mas isso é tão difícil! — disse Allie. — Suponha que Meg entre no meu quarto e comece a mexer nas coisas do meu computador. Eu apenas olho para o outro lado?

Pam sorriu. — Não, você realmente não pode fazer isso. Mas não faz sentido apenas ficar brava. Vocês duas precisam se sentar e definir algumas regras sobre o uso do computador. Tudo bem para você se Meg usá-lo?

— Sim — Allie respondeu com relutância. — Mas só se eu não estiver por perto. E nunca quando tenho um projeto importante da escola.

— Ok, então vocês resolvem as coisas de uma maneira que Meg possa usar o computador algumas vezes, mas nunca quando isso interfere nas suas necessidades. Meninas, agora deixarei vocês por dentro de uma fórmula secreta que usamos quando treinamos Shamu e as outras baleias. Nós nos concentramos no que elas fazem certo e as recompensamos por isso. Por exemplo, Allie, você pode esperar até ver que Meg está seguindo as regras, então pegá-la fazendo as coisas *certas* e ter uma reação BOM TRABALHO. Você pode dizer a ela: "Me sinto bem com a maneira como você tem seguido nossas regras, então vou lavar a louça para você esta noite para mostrar que agradeço."

— Eu sei que isso é ser legal e tudo, mas como isso vai ajudar? — Allie perguntou, franzindo a testa.

— Ah! Posso responder? — Meg perguntou, levantando a mão como se ela estivesse em uma sala de aula. — É assim que vou querer *continuar* seguindo as regras.

— Então pode funcionar — concluiu Allie.

— Vou me concentrar no lado positivo também — acrescentou Meg. — Minha amiga Sissie Lawrence tem sido muito arrogante ultimamente. Agora acho que sei como fazê-la brincar *comigo*.

— Como? — Pam perguntou com interesse genuíno.

— Vou ficar de olho nela, e quando ela fizer algo legal, vou sorrir e agradecer. Vou pegá-la fazendo algo certo.

Allie abraçou a irmã. — Meg pode ser muito inteligente às vezes — disse ela com orgulho.

De volta à sala de treinamento com Wes e Dave, Joy não esperava que um treinador de baleias lhe desse informações que poderiam melhorar seu relacionamento com o marido, especialmente quando pediu uma mudança de comportamento *dela* para trazer a mudança desejada *dele*. Ela se sentiu resistente à ideia de que deveria mudar primeiro. Por outro lado, ela era inteligente o suficiente para perceber que estava recebendo uma mensagem importante. — Então — ela disse — a chave para ter um bom relacionamento, seja com suas baleias, meu marido ou nossas filhas, é acentuar o positivo.

— Com certeza — respondeu Dave. — Não se trata apenas de ser legal. Trata-se de obter resultados. Aqui no SeaWorld, acentuamos o positivo porque percebemos as recompensas. O foco não apenas no positivo motiva o comportamento que desejamos, como também cria confiança e o tipo de ambiente divertido de que precisamos para trabalhar com sucesso com esses animais. As pessoas que assistem ao show nos dizem que conseguem realmente sentir essa energia positiva aqui. Eles mal podem acreditar que as baleias são tão responsivas. O engraçado é que elas frequentemente comentam sobre como nossa equipe é cooperativa e animada, mas muitas vezes não colocam os dois juntos. Elas agem como se o fato de o moral aqui ser tão alto é um acidente. Não veem que os membros da equipe estão se comportando uns com os outros de acordo com os mesmos princípios que usamos com os animais.

— Recompensas não são a questão. A questão é a confiança. É a diversão. Se não estamos nos divertindo, se as baleias não estão se divertindo, se nosso pessoal não está se divertindo, então esqueça.

— Quando estávamos nos preparando para fazer esta viagem — disse Joy —, Wes me contou um pouco sobre a Resposta

BOM TRABALHO e a importância do que você faz *depois* que as pessoas fazem algo. Ele também me disse que você ignora o mau comportamento e redireciona a energia das baleias para outra coisa que pode criar uma resposta positiva. Eu tenho um pequeno problema com isso. Eu posso entender como isso pode funcionar com animais, mas não é meio difícil de fazer com as pessoas?

— Você está certa. — Dave sorriu. — Isso *é* difícil, não tanto porque as pessoas são muito difíceis, mas porque, por meio da prática, treinamos nossa atenção para perceber apenas o que eles fazem de errado. Estamos atentos ao comportamento negativo. Achamos que ele merece muito mais atenção. É por isso que pegamos pesado e fazemos disso um assunto sério. Além disso, aquelas pessoas que são rotuladas como difíceis sempre têm pessoas ao seu redor esperando para que falhem de novo. É uma profecia autorrealizada.

— Eu sei que faço muito isso com Allie ultimamente — Joy meditou. — Especialmente quando estou cansada.

— Quando você estiver cansada, provavelmente deve praticar o redirecionamento. Na verdade, quando você estiver começando, se verá redirecionando muito, em vez de dar respostas negativas, como tem feito. Em muitos casos, suas primeiras respostas positivas virão logo após o redirecionamento. Você observa seus novos esforços e vê com que rapidez pode acentuar o que é positivo e percebê-los fazendo progresso na nova direção.

— Depois de um tempo, a pessoa descobre que você basicamente a está tratando de forma muito mais decente e justa, embora ainda exija padrões elevados. Veja, na prática real, "ignorar" o comportamento significa apenas não dar ao que as pessoas fazem de errado o olhar inquisidor e a energia que normalmente damos.

Dizemos ignorar porque as pessoas geralmente parecem lançar grandes holofotes em uma ação mal direcionada; mais ou menos como no caso de um prisioneiro pulando o muro, em fuga! Nossa regra usual ao trabalhar com as baleias é ignorá-las quando não fazem isso direito, mas ficar por perto e redirecionar suas ações. Então, assim que eles fizerem um movimento certo, dê logo uma Resposta BOM TRABALHO!

— Isso é exatamente o oposto do que as pessoas tendem a fazer, não é? — perguntou Joy. — Vejo por que essa técnica requer atenção. O *timing* é muito importante. Para recompensar o bom comportamento, você realmente precisa estar atento, especialmente com crianças. Você não teria ideia sobre como usar essas técnicas como mãe, teria?

— Como mãe, não, mas como pai, sim — Dave respondeu. — Tenho trabalhado com Shamu e outras baleias orca há anos, antes da chegada dos meus gêmeos. Quando Nat e Reid apareceram, minha esposa, Helene, e eu queríamos ver como a Resposta BOM TRABALHO funcionaria com as crianças. No início, observamos outros pais para ver o que eles estavam fazendo. Normalmente, eles relaxavam quando as coisas estavam indo bem. Para os bebês, isso significava não chorar. Com os jovens, significava se comportar bem. Com os adolescentes, significava não se meter em problemas. Até o bebê chorar, os jovens começarem a brigar ou os adolescentes trazerem notas ruins para casa, os pais nada faziam.

— Helene e eu decidimos ser mais proativos em relação à nossa parentalidade. Quando nossos gêmeos eram bebês, brincávamos com eles quando estavam felizes. Quando eles choravam e tínhamos certeza de que eles não estavam molhados, famintos ou doentes, nós não prestávamos tanta atenção neles. Mas no momento em que eles se acalmavam, nós os pegávamos e os abraçávamos. Quando eles cresceram mais, começamos a observá-los de perto. Você sempre pode dizer, se você é observador, quando as crianças estão ficando entediadas ou inquietas. É quando elas começam a brigar ou se meter em problemas. Se você estiver atento, mudará ou redirecionará as atividades *antes* de elas começarem a se comportar mal. Você pode ir comer algo, assistir a um vídeo ou levá-las ao parque. Queríamos ter experiências positivas, seguir comportamentos positivos. Em vez de esperar por problemas, recanalizávamos a atenção deles enquanto eles estavam indo bem.

— Quando os meninos ficaram mais velhos, ficamos ainda mais proativos sobre o que queríamos e de que precisávamos que eles fizessem. Estabelecemos metas com eles em diversas áreas, como ajudar em casa, ir bem na escola, cuidar de seus quartos e se dar bem com adultos e amigos. Nós os observamos de perto, e quando eles se saíam bem, nós os elogiávamos. Quando eles não faziam algo que deveriam fazer, em vez de gastar muito tempo nisso, voltávamos aos objetivos que tínhamos acordado e recanalizávamos novamente. Nossos filhos cresceram em um ambiente onde eles sabem que coisas boas acontecem quando estão "cuidando dos negócios".

— Às vezes, ouvíamos nossos amigos fazendo comparações entre seus filhos — continuou Dave. — Sally faz tudo tão bem, mas Betsy nunca parece fazer as coisas tão bem assim. Eu gostaria que ela fosse mais parecida com sua irmã. Ao observar como tratavam suas filhas, não demorou muito para eu descobrir o que estava acontecendo. Os pais estavam usando uma abordagem BOM TRABALHO com Sally, mas Betsy ficou presa no jogo do TE Peguei. Quando sugerimos aos nossos amigos que acentuassem o positivo com Betsy, sua resposta foi rápida: "Mas ela não está fazendo nada que merece nosso louvor." Veja, esses pais estavam em uma armadilha de percepção. A única saída era começar a observar Betsy fazendo algumas coisas um pouco melhor. Se seu quarto parecia ainda um pouco mais limpo hoje do que ontem, ela merecia uma Resposta BOM TRABALHO por isso. Eles precisavam vibrar como o progresso dela.

— Infelizmente, quando as crianças começam com o pé esquerdo, muitas vezes aprendem que a única maneira de chamar a atenção de seus pais, em comparação com seu irmão perfeito, é agir mal. Exceto se você está jogando BOM TRABALHO com *todos* seus filhos, as coisas podem sair do equilíbrio. Redirecionar e dar algumas Respostas BOM TRABALHO "aproximadamente certas" são a chave para mudar o mau comportamento. Enquanto isso, se você continuar reconhecendo o bom comportamento, esse programa pode seguir um longo caminho para construir famílias felizes.

— Certamente vale a pena uma tentativa — disse Joy.

— Os humanos naturalmente querem a aprovação dos outros — continuou Dave. — Quando você está lidando com seus filhos ou com as pessoas no trabalho e constantemente chama a atenção para o que eles fazem certo, é como se você estivesse respondendo ao melhor que existe neles. Depois de um tempo, eles começam a desfrutar toda a atenção positiva. Eles descobrem que é mais divertido ter sucesso e alcançar e ser elogiado por isso.

Só então as meninas voltaram com Pam. — Mãe! Pai! Esse lugar é tão legal! Obrigada por nos trazer aqui! — exclamou Allie.

Depois que a família agradeceu e se despediu de Dave e Pam, eles passaram pela beira da piscina de Shamu. A enorme baleia nadou até eles. — Adeus, Shamu — disse Meg, soprando-lhe um beijo. — Você com certeza é um bom professor!

Capítulo Cinco

Ao retornarem da flórida, Wes e Joy não perderam tempo em convocar uma reunião de família. Seu objetivo era começar a substituir algumas de suas formas anteriores de cuidados parentais por métodos BOM TRABALHO. Joy fez questão de preparar várias das comidas favoritas de Meg e Allie para o jantar naquela noite, e depois os quatro se reuniram na sala de estar para a sobremesa.

Wes começou. — Sua mãe e eu estamos muito gratos por vocês, meninas, estarem no SeaWorld conosco e descobrirem, como nós, como eles treinam as baleias orca. Pelo que vocês disseram, Pam contou sobre os métodos BOM TRABALHO que os treinadores usam. O que vocês aprenderam de diferente?

Meg começou com uma expressão brilhante e esperançosa. — Gostei da ideia de prestar atenção nas coisas boas que as baleias fazem, em vez de focar as coisas ruins.

— Se você se concentrar nas ações que deseja — disse Allie —, você consegue mais delas.

— Isso é exatamente correto — disse Wes. — Você acha que seria uma boa ideia tentar usar os métodos BOM TRABALHO por aqui? Mamãe e eu não estamos muito orgulhosos de como temos agido com vocês. Prestamos muito mais atenção quando vocês erram do que quando fazem aquilo que pedimos.

— Nós percebemos — respondeu Allie com uma carranca.

— Tudo bem, somos culpados das acusações — Joy disse. — Queremos fazer melhor, mas para mudar as coisas, primeiro precisamos fazer alguns acordos. Então podemos dar um ao outro uma Resposta BOM TRABALHO sempre que estivermos assim.

— Concordo em manter meu quarto arrumado — Meg disse. — Estou cansada de ouvir gritos.

— Eu também — Allie acrescentou. — E vou arrumar a cozinha depois de convidar amigos para um lanche.

— Isso seria bom — Joy disse. — Papai e eu procuraremos maneiras de dar a vocês Respostas BOM TRABALHO para qualquer melhoria que vocês fizerem em casa.

— E como recompensa — Wes disse —, por que não concordamos que quem ajuda a preparar uma refeição e põe a mesa não tem que limpar depois?

— Eu adoraria *isso*! — disse Joy.

— Isso significa que Meg e eu podemos preparar o jantar às vezes? — perguntou Allie.

— Claro! Então mamãe e eu faremos a limpeza.

— Outra coisa — Joy disse. — Tenho pavor das manhãs de sábado por aqui. A casa vai acumulando a bagunça durante a semana e há muita limpeza a ser feita. Normalmente acabo fazendo tudo sozinha, e eu gostaria de alguma ajuda.

— Por que não fazemos como em *Branca de Neve*? — Meg disse toda animada. — Todos nós poderíamos tirar uma hora todos os sábados de manhã e ser os anões!

— Podemos assobiar enquanto trabalhamos? — Allie disse de forma condescendente.

— Talvez você queira ser o Zangado — Mamãe acrescentou com um sorriso.

Allie riu e disse: — Alguma chance de fazer Mary Poppins aparecer e limpar toda a bagunça?

— Receio que não — disse Joy. — Mas há uma boa chance de irmos ao shopping ou pensar em alguma outra atividade que você gostaria de fazer depois que o trabalho for concluído.

A reunião terminou quando as meninas subiram para fazer o dever de casa sem serem mandadas. — Sabe — disse Joy — afundando-se no sofá, satisfeita —, já estou gostando desse negócio de BOM TRABALHO.

— Talvez precisemos de um ajuste BOM TRABALHO em nosso próprio relacionamento — Wes sugeriu algumas noites depois.

— Concordo — disse Joy. — Eu certamente aprendi em nossa conversa com Dave que estava jogando o jogo TE Peguei com você.

Wes sorriu. — Eu não tenho exatamente acentuado o lado positivo com você também.

— Por que não ligamos para Anne Marie Butler? — disse Joy. — Você tem falado tanto sobre o que aprendeu com ela que eu gostaria de conhecê-la, mesmo que seja por telefone. Talvez ela possa nos ajudar a começar a melhorar nosso relacionamento.

Wes concordou e discou o número que Anne Marie lhe dera. O telefone tocou, e Wes colocou no modo viva-voz. —

Oi, Wes! — A voz alegre de Anne Marie parecia encher a sala. — Como vai?

— Eu quero que você conheça minha melhor amiga — disse Wes. — Diga olá para Joy.

— Oi, Joy. Prazer em conhecê-la. Wes me falou muito sobre você.

— Olá, Anne Marie — disse Joy. — Wes e eu estivemos discutindo nossos objetivos para nosso próprio relacionamento BOM TRABALHO e pensamos que você poderia ter algumas ideias para nós. Nós dois temos que admitir que nos últimos anos caímos em um padrão TE Peguei.

— Isso certamente pode acontecer em qualquer relacionamento — disse Anne Marie. — Poderia falar dias sobre o poder da Resposta BOM TRABALHO para energizar e melhorar um casamento. Deixe-me começar contando algo que aconteceu recentemente quando meu marido e eu estávamos jantando em um restaurante francês chique. Notamos dois casais em mesas próximas. De um lado estava um casal que estava obviamente apaixonado. Quando um deles falava, o que você acha que o outro estava fazendo? Ouvindo. Sorrindo. Fazendo carinho na mão do outro. Dando atenção total. Provavelmente levaram duas horas e meia para comer, mas não acho que eles teriam reclamado se não tivessem sido servidos.

— Do outro lado estava outro casal, que estava obviamente entediado. Eles não tinham o que conversar. Nem se olhavam. Agiam como se a única razão de estarem juntos era porque não conseguiam mais ninguém para comer com eles. "Esse casamento está morto", eu disse ao meu marido, "mas ninguém se preocupou em enterrá-lo".

— Acho que já vimos alguns desses relacionamentos — disse Wes.

— Como você sai da animação de estar com o outro e de repente não tem nada a dizer? — perguntou Anne Marie. — É a frequência com que vocês se pegam fazendo algo certo. Vocês já ouviram o ditado "O amor é cego"?

— Claro — disse Joy.

— O que isso quer dizer?

— Quer dizer — disse Wes — que, quando você se apaixona pela primeira vez, tudo o que você vê é o positivo.

— Isso mesmo — Anne Marie concordou. — Portanto, quando você inicia um relacionamento amoroso, a ênfase está totalmente no positivo, você não nota nada negativo, ou desconsidera isso como algo sem importância. Só depois que você se casa e mora junto é que começa a notar todas as coisas em seu parceiro para as quais seu amor era cego no início. E logo em breve, *esses* comportamentos são o que você foca. Mesmo que seu parceiro tente mudar, você não percebe ou reconhece o progresso.

— Vocês começam a gritar um com o outro, mesmo por pequenas coisas. O fim de um relacionamento amoroso é quando você faz algo *certo* e é xingado porque não fez certo o *suficiente*! Você teve que *perguntar*! Você deveria ter feito isso na *quarta-feira*!

— Isso está ficando dolorosamente familiar — disse Joy.

— É um padrão muito comum — Anne Marie continuou. — As pessoas me perguntam o tempo todo se eu dou aconselhamento matrimonial. Eu digo a eles: não, mas vou lhe fazer uma pergunta. É a mesma pergunta que você deve fazer a si mesmo, não apenas sobre o seu relacionamento amoroso, mas sobre seu relacionamento com seus filhos, seu chefe, as pessoas que se reportam a você, seus colegas e seus amigos. A questão é: você quer que o relacionamento funcione? — Ela fez uma pausa. — E quanto a vocês?

— Certamente queremos tentar — disse Wes.

— Tentar é apenas uma maneira mais barulhenta de não fazer algo — Anne Marie continuou. — Sempre encontro pessoas fazem aconselhamento matrimonial. Quando pergunto por quê, elas dizem: estamos tentando fazer nosso relacionamento funcionar. Eu digo a elas para economizarem seu dinheiro. O aconselhamento matrimonial nunca é bem-sucedido, a menos que ambas as partes estejam comprometidas em fazer o relacionamento funcionar. Se um ou ambos os cônjuges estão decididos a não se arriscar ou, em outras palavras, "tentando", ninguém será honesto, porque o relacionamento ainda está em teste.

— Uma vez que um compromisso com o relacionamento é feito, você pode assumir qualquer problema ou questão sem medo de que algo que você diga vá acabar com tudo. Ambos estão *comprometidos com seu compromisso*. Então, deixe-me perguntar de novo, Wes. Você quer que seu relacionamento com Joy funcione?

— Sim! — respondeu Wes enfaticamente.

— E você, Joy? Você quer que seu relacionamento com Wes funcione?

Joy demorou um pouco para responder. — Devo admitir isso: por um tempo, antes de irmos para a Flórida, não tinha certeza. Mas depois de falar com Dave, e agora com você, estou começando a entender sobre o ciclo negativo em que nos metemos. — Joy apertou a mão de Wes ao acrescentar: — É por isso que estou pronta para dizer sim à sua pergunta sobre o compromisso.

— Eu tenho que dar reconhecimento a vocês dois — disse Anne Marie. — Com ambos concordando em se comprometer um com o outro, há um belo alicerce para o sucesso. Vocês sabem que dará trabalho, claro.

— Ah, nós sabemos! — tanto Joy quanto Wes concordaram.

— Também acho uma boa ideia sentar e renovar seu compromisso periodicamente — disse Anne Marie. — Como tudo que desaparece com o abandono, é necessária uma reforma ocasional.

Então Joy disse: — Aposto que sei o que você dirá a seguir.

— E o que seria?

— Que uma vez que você se comprometa com o seu compromisso, o plano é começar a gostar de jogar BOM TRABALHO um com o outro, e, se fizer isso, provavelmente se divertirá muito percebendo todas as coisas novas que vocês dois estão fazendo para melhorar seu relacionamento.

— Você tirou as palavras da minha boca — disse Anne Marie. — Na verdade, isso é apenas seguir a lei do positivo para o positivo. Respostas positivas motivam as pessoas a continuar a fazer coisas positivas. É uma espiral ascendente.

— Por curiosidade — disse Wes —, e se a resposta de um casal à questão do compromisso for não?

— Então sugiro que eles procurem aconselhamento matrimonial para obter ajuda sobre como podem se separar sem culpar um ao outro ou aos filhos. É possível desenvolver um plano para terminar um relacionamento de forma positiva.

— Bem, estamos procurando acentuar o positivo, não é, Joy?

— Correto. Alguma sugestão, Anne Marie, de como começar?

— Por que vocês não sentam e pensam sobre alguns problemas que parecem estar tendo em seu relacionamento? Em seguida, discutam as maneiras positivas de resolvê-los.

Wes e Joy seguiram o conselho de Anne Marie. Eles se sentaram naquela mesma noite e começaram a falar honestamente sobre suas necessidades. Joy definiu o tom BOM TRABALHO imediatamente, dizendo a Wes que ela adorava tê-lo em casa à noite, quando todos poderiam ficar juntos como uma família.

— É por isso que tenho sido tão negativa — ela confidenciou. — Quando você nunca parecia estar por perto, doía, e eu comecei o jogo do TE Peguei.

— Como seria — Wes perguntou — se eu parasse de voltar tarde para casa?

Os olhos de Joy se arregalaram. — Para mim, isso significaria que pelo menos algumas noites por semana eu saberia que nossa família vem em primeiro lugar. Eu sei que seu trabalho é importante para você e exigirá muito esforço. Mas ele deve nos unir como uma família, não nos separar. Chegar em casa para jantar na hora deveria ser a regra, e não a exceção.

— Eu concordo com você — disse Wes. — Nossa família deve vir em primeiro lugar. Você sabe que provavelmente haverá alguns períodos difíceis em que tenho que trabalhar até tarde, mas com certeza começarei esta semana voltando para casa no horário. Não só isso, deixarei o trabalho para trás, as tarefas *e* as preocupações.

— E eu vou parar de te importunar sobre cada pequena coisa que você fizer de errado, então você vai *querer* voltar para casa — disse Joy. — Ninguém é perfeito. Mas agora que penso sobre isso, você merece vários BOM TRABALHO por todas as coisas boas que faz por mim e pelas meninas.

— É música para meus ouvidos. — Wes deu um beijo em Joy.

Alguns dias depois, Allie falou com sua mãe sobre uma amiga. — Maureen tem falado comigo sobre seu namorado, Hugh. Ela está chateada porque ele começou a andar com alguns tipos questionáveis. Maureen gostaria de passar mais tempo com ele, mas está preocupada que Hugh se meta em problemas. Ela me disse que os pais do namorado recentemente se divorciaram. Hugh sente falta do pai, e sua mãe está sempre criticando. Maureen sabe que ele está apenas sendo rebelde por causa da situação da família. Você é amiga da mãe de Hugh. Acha que poderia falar com ela?

— Eu sei que a mãe dele está tendo problemas para se ajustar a ser uma mãe solo que trabalha desde que ela e o marido se separaram — disse Joy . — E ela me disse que Hugh tem sido difícil. Eu estou preocupada também, Allie, mas não quero me intrometer. Os pais não podem dizer a outros pais o que fazer com seus filhos.

— Eu sei, mãe — disse Allie. — Mas talvez você pudesse simplesmente convidá-la para um café e um bate-papo. Significaria muito para Maureen.

Joy pensou no pedido da filha por vários dias. A mãe de Hugh, Sharon, não foi a primeira pessoa a quem ela desejou poder transmitir os princípios BOM TRABALHO de criação de filhos.

Por fim, ela telefonou para a amiga, e marcaram um encontro na manhã seguinte para um café antes de ir para o trabalho.

— Céus! — disse Sharon com um grande suspiro quando elas se encontraram. — Ninguém me disse que seria tão difícil. Dias inteiros de trabalho em um novo emprego, além de preocupações constantes com um adolescente que está me deixando louca.

Sharon começou a despejar seus problemas sobre Hugh, e Joy percebeu rapidamente que, por medo e frustração, Sharon estava desenvolvendo um jogo TE Peguei clássico com seu filho. — Eu disse a ele repetidamente que quero que ele me diga para onde está indo e com quem está, mas ele me diz? De jeito nenhum. Ele poderia pelo menos me deixar um bilhete, mas não. É muito pedir que ele apenas ligue para casa?

Embora Joy simpatizasse com a amiga, ela viu claramente que Sharon estava piorando seu relacionamento com Hugh ao se concentrar nas coisas que ele estava fazendo de errado. Depois de tolerar pacientemente uma longa lista de queixas, Joy finalmente disse: — Eu sei que deve ser muito difícil trabalhar o dia todo sem saber onde Hugh está ou se ele ficará bem. Eu sei que você o ama, e este é um momento difícil para vocês dois. Mas também é um momento em que você e Hugh precisam ser amigos, não inimigos. Tenho algumas sugestões que parecem estar fazendo maravilhas com minhas meninas. Você gostaria de ouvi-las?

— Qualquer coisa — Sharon implorou. — Estou perdendo o meu juízo.

Quando a conversa terminou, Sharon havia feito duas listas para si mesma. A primeira era sobre como transmitir suas necessidades a Hugh sem culpa e estabelecer acordos razoáveis com ele. A segunda era uma das maneiras pelas quais ela poderia começar a pegar Hugh fazendo as coisas certas quando ele cumprisse seus acordos ou melhorasse um pouco. Os olhos de Sharon brilhavam enquanto ela abraçou Joy. — Obrigada! — disse com um sentimento profundo. — Eu já tinha me esquecido de como é ter esperança.

Capítulo Seis

Um dia, no escritório, Wes estava treinando um representante de conta para resolver um problema, quando seu chefe o abordou. — Posso falar com você por um minuto? — perguntou um Jim Barnes de expressão severa. Os dois homens se dirigiram ao escritório de Barnes, onde ele fechou a porta e disse: — Sente-se. Depois que eles se ajeitaram, Barnes disse:

— Acho que você sabe que seus números de vendas estão caindo. Alguma razão que eu deva saber?

Wes ficou surpreso, mas estava ciente do problema. — A conta de Minnesota, que sempre foi grande, desacelerou seus pedidos nos últimos três meses, mas acho que vai melhorar. Também tive algumas mudanças de pessoal. Estou treinando novas pessoas e está demorando para colocá-las no ritmo.

— Eu sei sobre tudo isso — disse Barnes com desdém. — O fato é que você não está conseguindo as vendas que costumava alcançar de seu pessoal. Eles não eram grandes fãs seus, mas você sempre conseguiu aumentar a produtividade da equipe. Acho que o problema é que você ficou mole.

— Mole?

Barnes enfiou a mão no bolso e pegou uma das minúsculas baleias de brinquedo BOM TRABALHO que Wes tinha distribuído. — Isto, por exemplo — ele disse com desprezo. — O seu pessoal anda brincando com brinquedos.

— Esses são sinais de encorajamento. Faz parte de...

— E ouvi falar da nova linguagem que você está usando! — Barnes interrompeu. — TE Peguei? BOM TRABALHO? O que é tudo isso?

Opa! Eu estava com receio de algo assim, Wes pensou consigo mesmo, mas disse: — Não se preocupe, Jim. É uma nova técnica de gerenciamento. Tem fundamento e vai funcionar.

Barnes se levantou abruptamente e caminhou pela sala. —Tem fundamento?! Foi desenvolvido para treinar *baleias*, pelo amor de Deus!

— É verdade. Mas a técnica é simples e básica. É tudo uma questão de responder positivamente, em vez de negativamente, ao desempenho de alguém. Eu costumava pular em cima do meu pessoal quando eles cometiam um erro e não dava valor quando faziam algo certo. Agora estou me dando muito melhor com todos eles.

— Não foi isso que ouvi — resmungou Barnes.

— O que você ouviu? Não me deixe no escuro, Jim. Alguém foi até você?

Barnes balançou a cabeça em aborrecimento. — Sem nomes — disse finalmente. — Mas na semana passada ouvi de duas pessoas que pensam que você perdeu seu jeito com o time. Pelo que me contaram, parece que os pacientes estão administrando o hospital.

— Isso é ridículo, Jim. Só porque estou tentando tirar a pressão...

— Esse é o problema, bem aí — Barnes voltou, apontando o dedo para Wes. — Não é hora de tirar a pressão. É hora de aumentar um pouco *mais*. Olha, Wes, não me importa como você faz isso, mas aumente os números das vendas. Bill Jaspers estava me atormentando hoje cedo sobre o desempenho geral de nosso departamento e ele quer que esses números mudem. Faça o que tiver que fazer.

— Ok, eu entendi. Alto e claro.

— Mais uma coisa: preciso lembrar que nossa avaliação de desempenho será em abril? Você sabe o que isso significa. Não importa quanta bondade você mostre ao seu pessoal, você não pode dar a todos eles uma classificação excelente. Você e eu sabemos como o sistema funciona. A curva de distribuição normal é um fato por aqui. Seu trabalho é separar os excelentes desempenhos dos médios, e os médios dos baixos. Não estamos administrando uma pastelaria.

Quando Wes saiu do escritório de Barnes para o corredor, viu Harvey Meehan e Gus Sulermo se abaixando no escritório de Gus. Ele tinha certeza agora de quem eram as duas "pessoas" que procuraram seu chefe pelas costas.

Mais tarde naquela tarde, quando soube que Harvey e Gus estavam juntos na sala de descanso, Wes foi vê-los. — E aí? Têm um minuto? Eu me pergunto se vocês podem me ajudar. Vejo vocês dois como líderes em nossa equipe, e sua influência sobre os outros é importante. As vendas caíram e podemos aumentá-las, se não trabalharmos em desacordo um com o outro:

— TE Peguei! — disse Harvey.

Ignorando a provocação, Wes continuou — Estou propondo um acordo. Pelos próximos seis meses, preciso que vocês cooperem e apoiem as mudanças que estou tentando fazer por aqui. Também peço para irem com calma e não serem tão rápidos em derrubar meu estilo de gestão. Se nossos resultados e relacionamentos não melhorarem depois disso, concordo em parar com o método BOM TRABALHO. O que me dizem?

Os dois se olharam duvidosos, então relutantemente concordaram com a cabeça. Wes teve a impressão de que agiram assim porque seus objetivos de negócios compartilhados estavam em jogo, então ele disse com entusiasmo: — Obrigado, pessoal. Imagino que dizer sim ao meu pedido não seja particularmente agradável para vocês, mas vocês o fizeram sem hesitação. Eu admiro isso. — Ele se afastou, ciente do silêncio atordoado do par. Mas ao voltar para o escritório, ele se perguntou se as técnicas que Dave Yardley usava com as baleias orca poderiam realmente funcionar nos negócios.

Na noite seguinte ao encontro de Wes com seu chefe, ele e Joy conversaram sobre os avanços que ela e as meninas estavam fazendo. Ela estava maravilhada com o número de oportunidades que estava encontrando para elogiar o progresso delas em torno das metas estabelecidas pela família. — Você acha que esse negócio de BOM TRABALHO está ficando mais fácil? — perguntou Joy.

— Eu definitivamente acho que está. — Em seguida, Wes acrescentou: — Para *você*!

— Por quê? O que está o incomodando?

Wes suspirou. — Concordo que o método BOM TRABALHO está funcionando aqui em casa, mas no escritório é outra história. Tive uma reunião desconcertante com Jim Barnes hoje. Ele acha que os problemas da nossa unidade são porque tenho baleias no cérebro. Ele acha que fiquei mole e quer que eu coloque de volta a pressão sobre minha equipe.

— Lamento ouvir isso.

— Quando as organizações estão sob pressão, as primeiras coisas a serem abandonadas são as abordagens experimentais de gestão. É de novo do meu jeito ou não tem jeito, mas eu já provei que não funciona. Essa crise deixou as pessoas preocupadas em perder seus empregos. Francamente, da maneira como Jim olhou para mim hoje, pensei: "Talvez eu seja o primeiro a ir."

Na manhã seguinte, Wes ligou para Anne Marie Butler para dar a ela sua atualização periódica. Quando ela perguntou a ele como as coisas estavam indo, ele disse: — O que você quer primeiro, a boa notícia ou a má notícia?

— Você me conhece, vamos ouvir as boas notícias.

— Ok, vou começar com Joy e meu relacionamento. Fico feliz em dizer que pegar um ao outro fazendo as coisas certas quase se tornou um hábito. É sempre um pouco surpreendente, especialmente quando um de nós expressa apreço pelo outro na frente das crianças.

— O que você quer dizer?

— Outra noite, ao jantar, Joy me disse: "Querido, obrigada por ligar e avisar que você se atrasaria. Consegui adiar os preparativos finais para o jantar para que pudéssemos esperar por você, e todos comemos juntos. Eu gosto muito mais disso."

— Então Allie entrou na conversa: "Mãe, você não costumava elogiar o papai."

— Joy disse: "Você está certa. Você acha que estou elogiando ele porque ele está melhorando?" Você vai gostar da resposta de Allie. Ela disse: "Não. Ele está melhorando porque você está elogiando ele."

— Isso faz todo o sentido para mim — Anne Marie disse.

— Allie está certa — Wes continuou. — Desde que Joy e eu começamos com o método BOM TRABALHO, nosso amor e respeito mútuos se aprofundaram até não ser mais um jogo. Tornou-se a maneira como nos olhamos. Estamos mais carinhosos e com vontade de passar mais tempo juntos. As meninas também notaram isso. Outro dia Allie comentou: "Vocês estão muito românticos ultimamente."

— "Verdade" — disse Meg. — "Vocês estão sempre se abraçando e de mãos dadas."

— "Isso deixa vocês desconfortáveis?" — perguntou Joy a elas.

— "Na verdade, não" — respondeu Allie. — "No começo, achamos engraçado, mas já nos acostumamos."

— "É agradável para mim" — disse Meg.

— "Como assim?" — perguntei.

— "Bem, quando vejo vocês se amando, me sinto mais amada." — Joy e eu apenas sorrimos um para o outro.

Então Allie disse: "Como sempre, Meg está certa. Acho que, de certa forma, sinto orgulho por meus pais realmente mostrarem que se amam. Alguns dos pais dos meus amigos nem parecem *gostar* um do outro."

— Parece que você e Joy estão se tornando um "casal atraente"! — disse Anne Marie. — O que mais está acontecendo?

— Estou meio surpreso com a forma como meu relacionamento com Allie melhorou. Outro dia ela me disse: "Procurei no seu armário, pai, mas não consegui encontrar sua fantasia." Sabendo que se tratava de uma provocação, perguntei a ela: "Ok, que fantasia?". Ao que ela respondeu: "Seu terno de superpai!" — Wes riu e acrescentou: — Acho que ela *gosta* de mim!

—Claro que ela gosta — Anne Marie disse. — Por que você acha que ela mudou?

— Porque Joy e eu temos dado a ambas as garotas um monte de BOM TRABALHO ultimamente. E elas merecem!

— Eu penso — disse Anne Marie — que há uma razão ainda mais fundamental para a mudança de atitude de Allie.

— Como o quê? — Wes perguntou.

— Me faz um favor. Coloque a mão direita no ombro esquerdo e a mão esquerda no ombro direito. Então dê a si mesmo um grande abraço. Você também mudou, Wes. Você é uma pessoa diferente daquela de quando te conheci.

— Bem, obrigado. Eu não quero ficar convencido.

— Enquanto você estiver ocupado acentuando o lado positivo com os outros, um pouco de autoelogio não fará mal — disse Anne Marie. — Eu encontro muitos gerentes que são duros com os outros pois eles são tão duros consigo mesmos. Eles estão sempre se cobrando internamente. "Ah, eu deveria ter feito isso melhor", ou "Que idiota eu sou, esquecendo esse detalhe." Parece com alguém que você conhece?

—*Ah,* sim! — disse Wes, rindo.

— Se você surpreender a si mesmo fazendo as coisas certas, tudo em sua vida vai melhorar, especialmente seus relacionamentos. Sabe, é divertido estar perto de alguém que gosta de si mesmo.

— Esse é o seu segredo? — perguntou Wes.

— Talvez. Como meu pai sempre me disse...

Nunca é demais chamar atenção para si de vez em quando.

— Acho que agora é a hora das más notícias, Anne Marie.

— Conte tudo.

Wes contou a Anne Marie sobre a reunião com seu chefe no dia anterior, incluindo o aviso de Barnes sobre a avaliação de desempenho e a necessidade de avaliar seu pessoal em uma curva de distribuição normal. Wes também descreveu seu confronto com Harvey e Gus.

— Vamos falar sobre os resistentes primeiro — disse Anne Marie. — Meu conselho para você é aguentar firme! As pessoas duvidarão e o obstruirão. Uma certa quantidade disso pode até ser necessária. O que descobri é que, muitas vezes, as pessoas que se opõem à mudança são apenas cautelosas no início. Mas assim que elas concordam, se tornam suas maiores apoiadoras. Confie no seu pessoal. Atenha-se aos seus métodos e mantenha seu chefe informado. A Resposta BOM TRABALHO funcionará.

— Obrigado, espero que sim.

— Agora, quanto ao sistema de avaliação de desempenho que sua empresa está usando, isso é um problema. Em minhas viagens, costumo perguntar ao público: "Quantos de vocês acham que a maneira como recebem *feedback* e como seu desempenho é avaliado é importante para vocês?" Cada mão no local sobe. Então eu pergunto a eles: "Quantos de vocês estão entusiasmados com a maneira como atualmente recebem *feedback* e têm seu desempenho avaliado?" Então, quase nenhuma mão se levanta; apenas algumas pessoas do RH, que provavelmente desenvolveram o sistema.

— Por que as pessoas não gostam do sistema de avaliação de desempenho? — continuou Anne Marie. — Porque força os gerentes como você a classificá-las em desempenhos bom, médio e ruim, independentemente de onde elas realmente se encaixam.

— Isso certamente descreve como o sistema de nossa empresa funciona — disse Wes. — É difícil implementar o método BOM TRABALHO, não é?

— Muito difícil mesmo! A situação mais difícil é quando todos seus funcionários são excelentes. *Então* quem é você para avaliar alguém como mediano ou ruim? Esse tipo de avaliação de desempenho prepara as pessoas para competir umas com as outras. Elimina a cooperação e o espírito de equipe. Eu pergunto aos altos gerentes: "Quantos de vocês, pensando no tempo de avaliação, dizem 'Vamos sair e contratar alguns perdedores para que possamos preencher algumas de nossas vagas?'" Eles riem, e eu digo: "Claro que ninguém faz isso. Você pode contratar vencedores ou vencedores em potencial que acha que terão um bom desempenho quando forem treinados e incentivados". Em outras palavras...

**Se você não contrata pessoas baseado em uma curva de
avaliação de desempenho, por que classificá-las em uma?**

Wes entendeu como a visão tradicional de avaliação de desempenho estava em desacordo com a filosofia BOM TRABALHO, mas ele não tinha certeza do que isso implicava para ele. — O que você está sugerindo que eu faça?

— Seu chefe está pressionando você para mudar os números. Por que você não compartilha com seu pessoal que, como parte do gerenciamento BOM TRABALHO, você não usará o antigo sistema de avaliação de desempenho que força os gerentes a classificar as pessoas em desempenhos excelentes, médios e ruins? Diga a eles que a Resposta BOM TRABALHO implica o oposto, ou seja, que todos têm a oportunidade de vencer. As pessoas ficaram encorajadas a competir contra si mesmas, sua própria capacidade de realizar seus objetivos, e não umas contra as outras. Mostre a elas que suas vitórias não devem ser às custas da potencial perda dos outros.

— Como vou prometer isso? — Wes perguntou. — Barnes e os outros arrancariam minha cabeça.

— Eu sei que é uma aposta arriscada, mas você tem que confiar que, se você e seu pessoal realmente se envolverem e torcerem uns pelos outros de uma forma não competitiva, os números falarão por si mesmos. Na verdade, é só isso que preocupa Barnes e os outros. Então, quando você entregar suas avaliações de desempenho, não deve ter desempenho ruim, a menos que alguém esteja no emprego errado. Se alguém, não importa o quanto seja treinado e encorajado, não é capaz de cumprir o padrão, não deve ser punido. Ele deve ser trocado para uma posição onde possa ter sucesso.

— Ok, farei isso. Obrigado, Anne Marie. A vida certamente se tornou uma aventura desde que conheci Dave, Shamu e você.

Wes desligou o telefone e sentou-se à escrivaninha, pensando profundamente. Embora apreciasse a ajuda e a energia ilimitada da amiga, ainda se sentia um tanto perdido. Sua mente estava cheia de perguntas. Ele deve continuar aplicando a Resposta BOM TRABALHO no trabalho? Não poderia colocar em risco seu futuro com a empresa? Ele poderia realmente convencer seu chefe a mudar o sistema de avaliação, mesmo se todo seu pessoal estivesse tendo um bom desempenho?

Naquela noite, Wes não conseguiu dormir. Uma escuridão desceu sobre seu espírito, e ele não conseguia se livrar dela. Antes do amanhecer, ele se vestiu e saiu para o escritório. Enquanto dirigia pelas ruas desertas, seu humor se aprofundou. *Estou sendo sabotado pelo escalão superior,* ele pensou consigo mesmo. *A ideia de Anne Marie de mudar o sistema de avaliação de desempenho por conta própria é uma loucura. Estou pronto para cair fora.*

Entrando no escritório de sua empresa, Wes parou por um momento na porta da sala de reuniões onde fez seu discurso inicial para a equipe sobre a Resposta BOM TRABALHO e explicou como ele planejou usá-lo. Ele meneou a cabeça. Será que tudo teria sido um desastre desde o início?

Então ele ouviu uma chave girando na porta externa. Alguém estava indo para o trabalho mais cedo. Era Merideth, e quando ela o viu, disse: — Rapaz, você caiu da cama? — Em seguida, notando sua expressão indecisa, ela perguntou: — Há algo errado?

— Está tudo bem. — Como ele poderia dizer a ela que tinha chegado cedo para trabalhar em seu currículo ou que estava pensando em uma carta de demissão?

— Bem — disse Merideth —, as coisas estão difíceis, mas aqui vai uma notícia de última hora. Se você está pensando em abandonar o navio no programa BOM TRABALHO, nem pense nisso. Seu elogio e encorajamento são os únicos pontos positivos por aqui; exceto nas vezes em que eu e os outros supervisores imitamos você e torcemos por nosso pessoal também. Eu sei que isso não parece comigo, mas falo sério. — E ela disparou pelo corredor, obviamente ansiosa para começar a trabalhar.

Wes sentiu uma onda de energia. O incentivo de Anne Marie, junto com a Resposta BOM TRABALHO de Merideth, pesaram na balança, e mais uma vez ele teve certeza de que esse era o caminho a percorrer. Abandonando seus pensamentos de desistir, ele decidiu manter o empenho em seu compromisso.

— Vamos começar — disse Wes quando todos se acomodaram para a reunião mensal de vendas. Gesticulando para um jovem sentado à sua direita, ele disse: — Gostaria que todos conhecessem Howard LaRosse, que comandará nossas vendas de telemarketing. Este é o primeiro dia de Howie. Ele nem sequer passou pelo nosso treinamento, mas pensei que não faria mal para ele participar de nossa reunião hoje.

Quando os aplausos começaram, a expressão no rosto de Howie mostrou que ele não esperava uma recepção tão calorosa.

— Como muitos de vocês sabem — continuou Wes —, nós começamos a reunião pegando os outros fazendo as coisas certas. Quem gostaria de começar?

— Eu começo — disse Marsha. — Minha meta de vendas para este mês era de 200 mil. Consegui atingir 92% dela.

Aplausos sinceros saudaram o anúncio de Marsha. Ela foi seguida por Lyle, que relatou ter atingido 110% de sua meta. Roberto disse que alcançou 72% de sua meta. À medida que mais vendedores continuavam a compartilhar seus números, cada relatório recebia mais uma salva de palmas.

Em seguida, Wes pediu comentários ou perguntas.

Howie ergueu a mão. — Sou o novato aqui, então preciso de ajuda para entender esse processo. Em outras empresas para as quais trabalhei, os únicos aplausos teriam sido para as pessoas que tinham alcançado ou superado seus objetivos. Aqui vocês parecem estar elogiando qualquer progresso feito. Acho que se eu mostrasse esse tipo de aceitação com minha equipe, teria receio de que isso pudesse tirar seu desejo de melhorar.

Wes perguntou: — Quem gostaria de responder à preocupação de Howie? — Algumas mãos se levantaram, e Wes acenou com a cabeça para Pete, um dos vendedores veteranos subordinados a ele.

— Era assim que as coisas costumavam ser por aqui também — explicou Pete. — Até recentemente. Agora estamos praticando o que chamamos de método BOM TRABALHO. Sempre parece dar a partida do jeito certo. Como acentuamos o que é positivo, ninguém hesita em compartilhar seu histórico de desempenho e até mesmo seus problemas. Como você verá, durante a próxima parte da reunião, nós debateremos ideias para ajudar uns aos outros a melhorar. Cada um de nós pode explorar a capacidade intelectual de todo o grupo.

— Entendi — disse Howie. — Dessa forma, não há a competição interna que se costuma ver nas equipes.

— Isso — disse Pete. — A Resposta BOM TRABALHO nos faz competir com nós mesmos, ao invés de uns com os outros.

Nos meses seguintes, a nova abordagem de gerenciamento de desempenho começou a se popularizar em outras unidades, e Wes foi requisitado como consultor. Merideth e alguns outros supervisores até prepararam uma apresentação com base nas histórias de sucesso da Resposta BOM TRABALHO e levaram o método para outros departamentos. Com o tempo, a mudança na maneira como as pessoas sentiam que estavam sendo tratadas provou ser uma reviravolta para a empresa. Gradualmente, as vendas de todos começaram a aumentar. Para Wes, o sinal definitivo de que as coisas haviam mudado ocorreu no dia em que ele estava em seu escritório preparando-se para uma reunião com Jim Barnes para revisar os números de vendas atuais. Ouviu uma batida, e quando ele olhou para cima, viu Harvey e Gus parados ali.

— Podemos falar com você por alguns minutos? — perguntou Harvey.

— É claro! Sempre fico feliz em conversar com vocês — disse Wes. — Mesmo que vocês ainda tenham algum tipo de desavença comigo.

— É sobre isso que queremos falar com você — disse Harvey. — Podemos entrar?

Wes indicou as cadeiras para eles.

Harvey começou: — Sabemos que você tem se esforçado muito para reverter as coisas, se esforçando para apoiar a todos, e nós temos atrapalhado você. Estamos aqui apenas para lhe dizer que não estamos mais no seu caminho.

— Queremos ajudar — disse Gus, encontrando sua voz.

— Ótimo, pessoal — disse Wes. — E tenho boas notícias para compartilhar com vocês. Todos os números de vendas estão em alta. Várias pessoas, incluindo vocês dois, têm se destacado, mas todos aqui têm um desempenho consistentemente acima do padrão. Estou prestes a me reunir com Jim Barnes para revisar nosso relatório trimestral, e direi a ele a importância de acentuar o positivo para o sucesso da nossa unidade. Todo mundo melhorou. Não há perdedores, e pretendo insistir que o atual sistema de avaliação que força os gerentes a classificar as pessoas em grupos de alto, médio e baixo desempenho não deve se aplicar à nossa equipe.

As reações entusiasmadas de Harvey e Gus deram a Wes uma ideia. Por que não levar os dois com ele para se encontrar com o chefe? Seria difícil para Jim Barnes se defender de um ataque rápido de três contra um.

E era. Barnes não podia contestar o desempenho do time de Wes ou o apoio que Harvey e Gus agora estavam dando à sua abordagem de gestão. Essa reunião terminou com a promessa de Barnes de levar a batalha da avaliação de desempenho para seu chefe. Wes nunca esqueceu o sorriso no rosto de seu chefe quando este disse: "BOM TRABALHO, Wes!".

Conforme os meses seguintes se passaram e a abordagem BOM TRABALHO rodava em alta velocidade na família Kingsley, Wes e Joy começaram a notar que, além das melhorias em suas relações familiares, havia outros benefícios também. Os amigos de Allie e Meg, atraídos pela atmosfera de aceitação que encontraram ali, estavam começando a passar cada vez mais tempo em sua casa. Nos fins de semana, Joy, uma pianista experiente, era procurada por adolescentes para acompanhar cantorias e festas improvisadas. Às vezes havia confusão após as reuniões, e Joy e Wes faziam acordos com as crianças sobre a limpeza. Quando chegava a hora de ir para casa, os jovens formavam equipes e depois competiam entre si para ver com que rapidez conseguiriam restaurar a ordem imaculada da casa.

Quando surgiram dificuldades, Wes e Joy ficavam felizes por terem tido o cuidado de desenvolver relacionamentos não apenas com cada amigo de suas filhas, mas também com os pais deles. Eles ficaram de olho em alguns deles cuja influência poderia ser questionável. Os amigos de Allie encontraram ouvintes ativos tanto em Wes quanto em Joy, e muitos deles confidenciaram coisas que não contariam a seus próprios pais. Os Kingsleys sabiam que tinham realmente feito de seu lar um lugar acolhedor quando eles começaram a receber ligações de pais que perguntavam: "Por que meus filhos estão sempre na sua casa?"

Sempre que Joy e Wes falavam sobre as diversas mudanças positivas em suas vidas, eles diziam: "O que todo mundo pensaria se soubesse que foi tudo por causa de uma baleia?"

Epílogo

ERA SETEMBRO, mais ou menos um ano depois, e Wes estava novamente em Orlando a negócios. Ele foi atraído de volta para o SeaWorld para visitar o lugar onde sua vida tinha começado a mudar para melhor, e para manter contato com seus velhos amigos Shamu e Dave Yardley. Como sempre, antes de ir ver Dave, ele havia parado no estádio para assistir ao show de baleias orca. Assim que os animais enormes e elegantes terminavam seus passos, alguns novos para ele, Wes gritou e aplaudiu com o restante da multidão.

Assim que o show terminou e as pessoas começaram a sair, ele ouviu o jovem sentado no assento ao lado dele dizer à sua família: "Nossa, como será que eles conseguem que essas baleias façam tudo aquilo?"

Wes sorriu e respirou fundo. — Engraçado você perguntar — disse ele ao jovem.

Serviços

Ken Blanchard faz palestras em convenções e organizações em todo o mundo, e a The Ken Blanchard Companies, uma empresa de gerenciamento de serviço completo e consultoria de treinamento, conduz seminários e consultoria avançada nas áreas de trabalho em equipe, atendimento ao cliente, liderança, gestão de desempenho e qualidade.

Visite:

www.kenblanchard.com

Índice

C

D

E

F

G

Projetos corporativos e edições personalizadas
dentro da sua estratégia de negócio. Já pensou nisso?

Coordenação de Eventos
Viviane Paiva
viviane@altabooks.com.br

Assistente Comercial
Fillipe Amorim
vendas.corporativas@altabooks.com.br

A Alta Books tem criado experiências incríveis no meio corporativo. Com a crescente implementação da educação corporativa nas empresas, o livro entra como uma importante fonte de conhecimento. Com atendimento personalizado, conseguimos identificar as principais necessidades, e criar uma seleção de livros que podem ser utilizados de diversas maneiras, como por exemplo, para fortalecer relacionamento com suas equipes/ seus clientes. Você já utilizou o livro para alguma ação estratégica na sua empresa?

Entre em contato com nosso time para entender melhor as possibilidades de personalização e incentivo ao desenvolvimento pessoal e profissional.

PUBLIQUE
SEU LIVRO

Publique seu livro com a Alta Books.
Para mais informações envie um e-mail para: autoria@altabooks.com.br

 /altabooks   /alta-books   /altabooks   /altabooks

Este livro foi impresso nas oficinas gráficas da Editora Vozes Ltda.,
Rua Frei Luís, 100 – Petrópolis, RJ.